KANDINSKY.

Dieses Buch gehört:

KANDINSKY

KANDINSKY.

KINDER ENTDECKEN KUNST

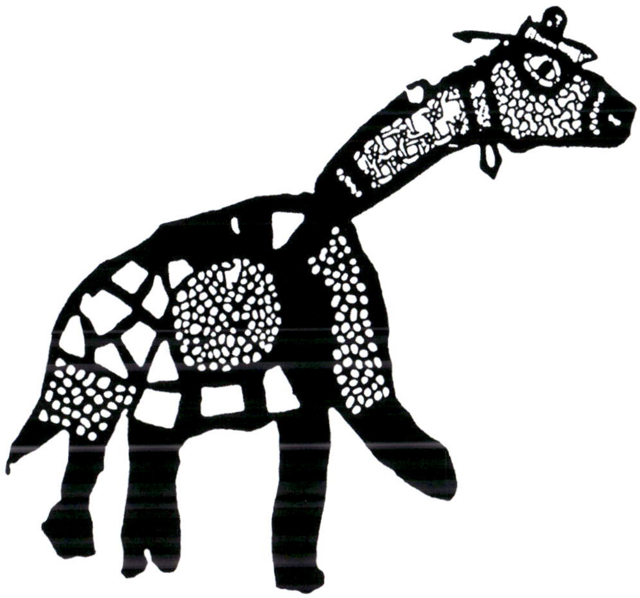

Für Marion

KINDER ENTDECKEN KUNST

Wer ist eigentlich dieser Kandinsky?

Britta Benke

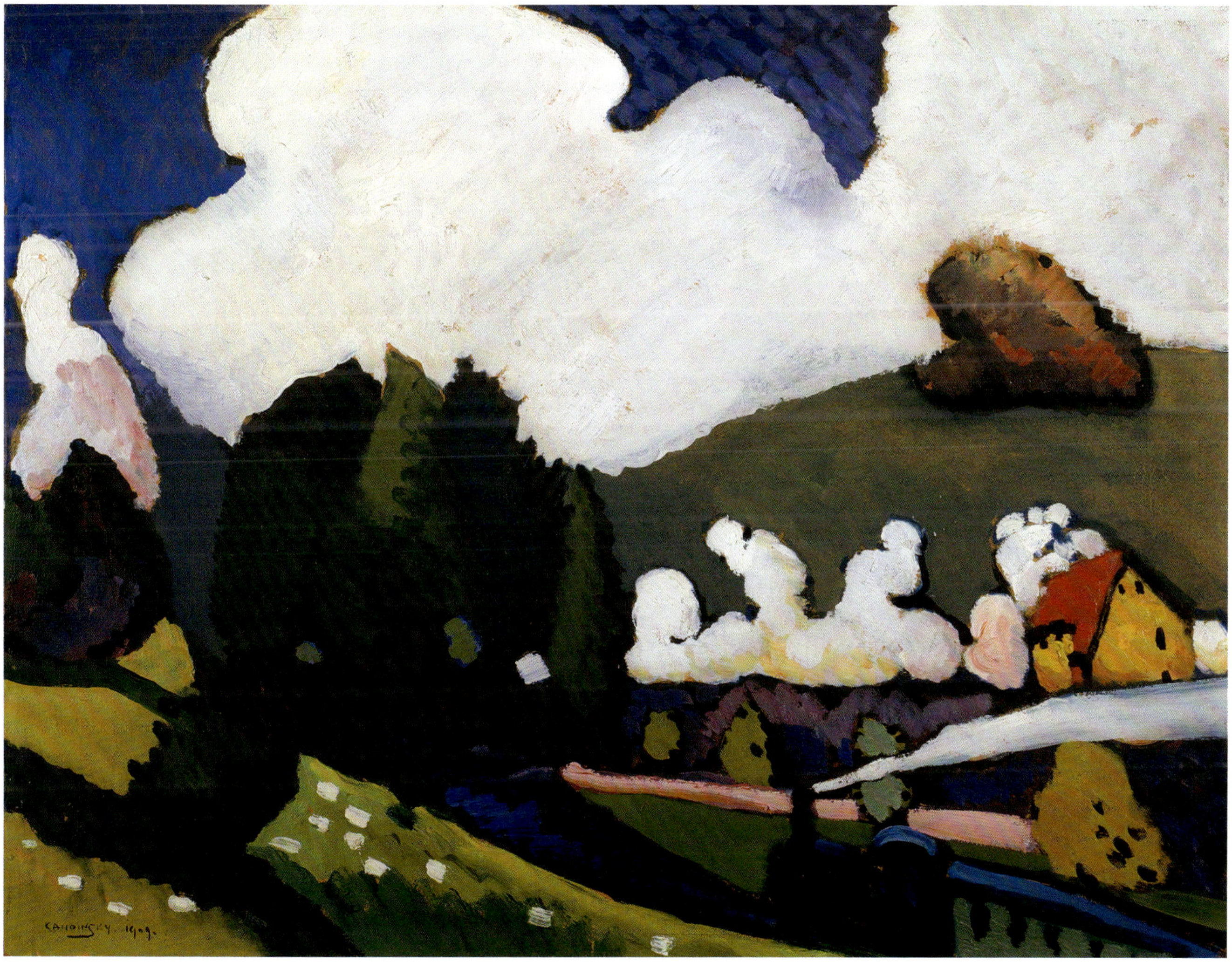

Kindermann Verlag Berlin

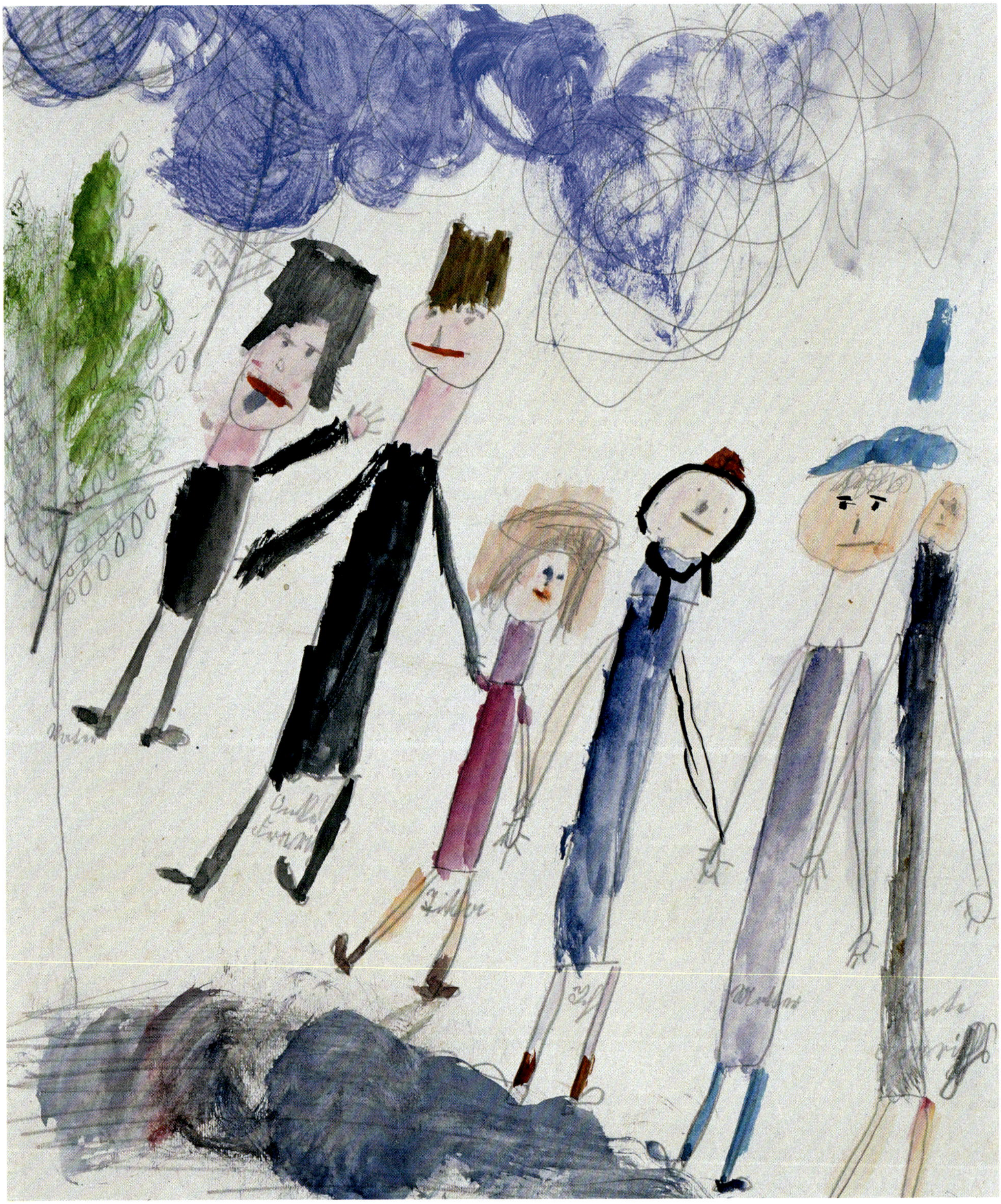

Annemarie, Gabriele Münters Patenkind, hat ihre Familie mit Bleistift und Wasserfarben gemalt

Kandinsky?

Kandinsky! Kandinsky!

Hast du schon einmal ein Bild von Kandinsky gesehen? Der russische Maler Wassily Kandinsky ist einer der bekanntesten Maler der Welt. Viele seiner Bilder zeigen nur Formen, Farben und Linien. Kandinsky war einer der ersten Künstler im 20. Jahrhundert, der so gemalt hat. Dafür wird er überall bewundert.

Zusammen mit seiner Freundin Gabriele Münter, die auch Malerin war, hat Kandinsky viele Kinderzeichnungen gesammelt. Beide waren begeistert davon, mit welcher Fantasie und Lebendigkeit Kinder malen. Von der Kinderkunst ließen sie sich zu ganz neuen Formen in ihren Bildern anregen.

Wenn du eine Seite zurückblätterst, kannst du eine der Zeichnungen sehen, die sie besonders schön fanden. Sie stammt von Gabrieles Patenkind, Annemarie Münter, genannt „Mückchen". Kandinsky hat oft mit ihr gespielt und auch Bilder für sie gemalt.

Schweben die beiden Figuren hier in Kandinskys Bild auf Wolken? Schneemann? Pinguin? Menschen? Augen, die nur aus zwei orangeroten Flecken bestehen. So könnten auch Kinder sie gemalt haben. Und der Hund der beiden Sonntagsspaziergänger: Sieht sein Schwanz nicht eher aus wie der eines Kletteraffen? Kandinsky hat seine Bilder immer nach seiner eigenen Fantasie gemalt.

Er hat aber nicht nur gemalt, sondern auch Bücher über seine neuartigen Ideen in der Malerei geschrieben und an einer berühmten Kunstschule unterrichtet. All das wirst du in diesem Buch erfahren.

Am Ende weißt du, wie du Kandinskys Kunst erkennen kannst und was ihn von anderen berühmten Malern unterscheidet.

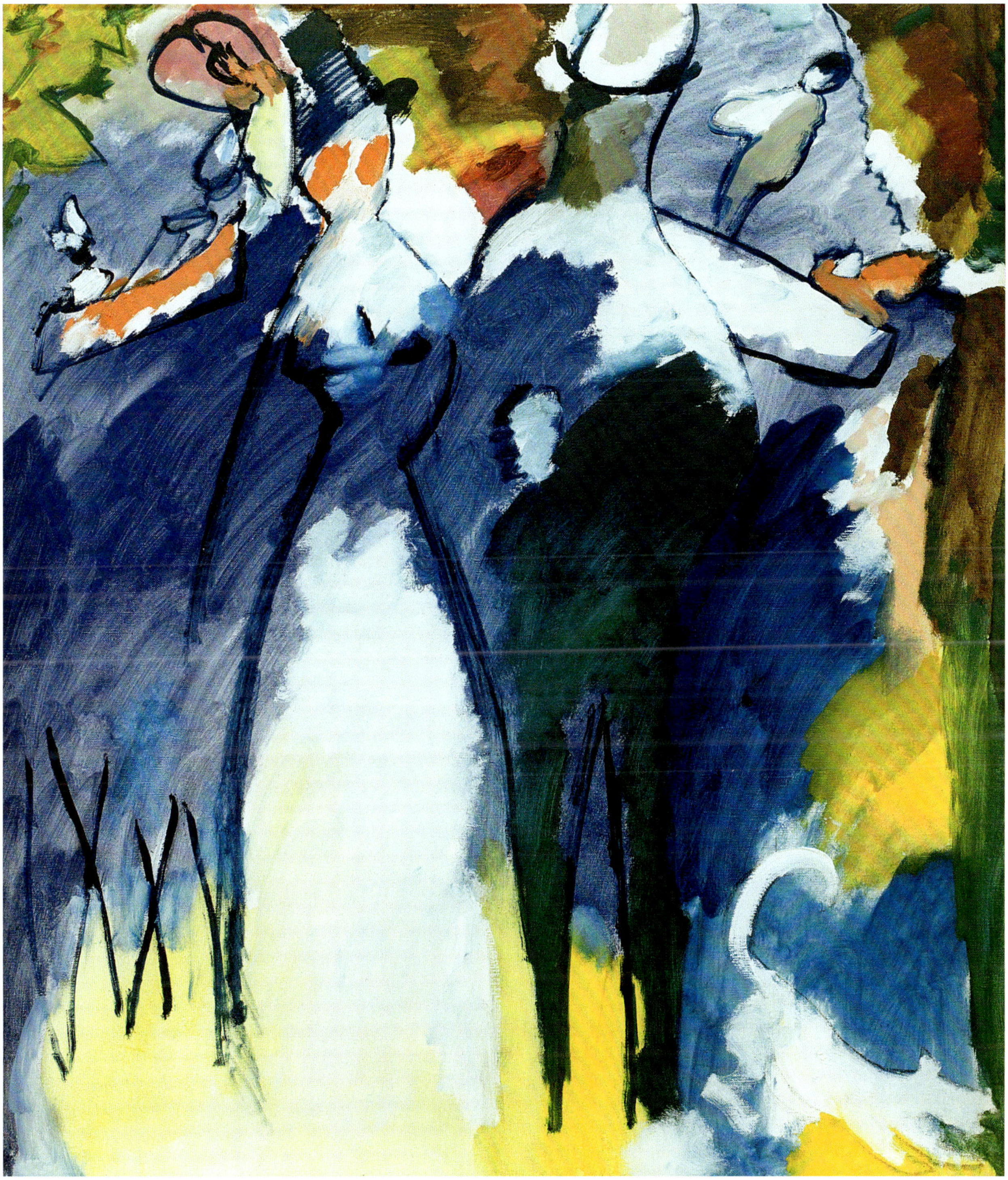

Impression VI (Sonntag)

Farbmusik

Blaue Berge und bunte Hügel. Häuser mit knallroten Dächern. Und ein langer Turm mit einer runden Kuppel. Ist das ein Leuchtturm?
In diesem Bild hat Kandinsky den Blick auf den bayerischen Ort Murnau und seine Kirche gemalt, wo er viele Jahre zusammen mit Gabriele Münter lebte. Ob ihn das Kuppeltürmchen der Kirche wohl an die vielen Zwiebeltürme seiner russischen Heimatstadt Moskau erinnert hat?

Kandinsky liebte Farben über alles. Schon als kleiner Junge besaßen Farben für ihn eine magische Anziehungskraft, besonders Karminrot, helles, saftiges Grün, Weiß, Schwarz und Ockergelb.

Die schöne Gegend um Murnau mit den Bergen der Voralpen und ihren intensiven Farben hatte Kandinsky auf den ersten Blick gefallen. Wenig später schrieb er: »Sehr, sehr schön ist es. Diese ganz tief liegenden und sich langsam bewegenden Wolken, der düstere, dunkelviolette Wald, die blendend weißen Gebäude, sammettiefen Dächer der Kirchen, dieses saftgrüne Laub – habe ich noch immer vor Augen, habe sogar davon geträumt.«

Farben über Farben! In seinem Murnauer Bild hat er die Häuser und die bayerische Landschaft, den Himmel und die Wolken zu leuchtend bunten Flecken und Farbinseln vereinfacht.

Einen Berg hat Kandinsky aber ganz in Blau gemalt. Vielleicht, weil das besondere Licht die Landschaft um Murnau manchmal ganz in Blautöne taucht – weshalb man die Gegend dort auch das »Blaue Land« nennt.

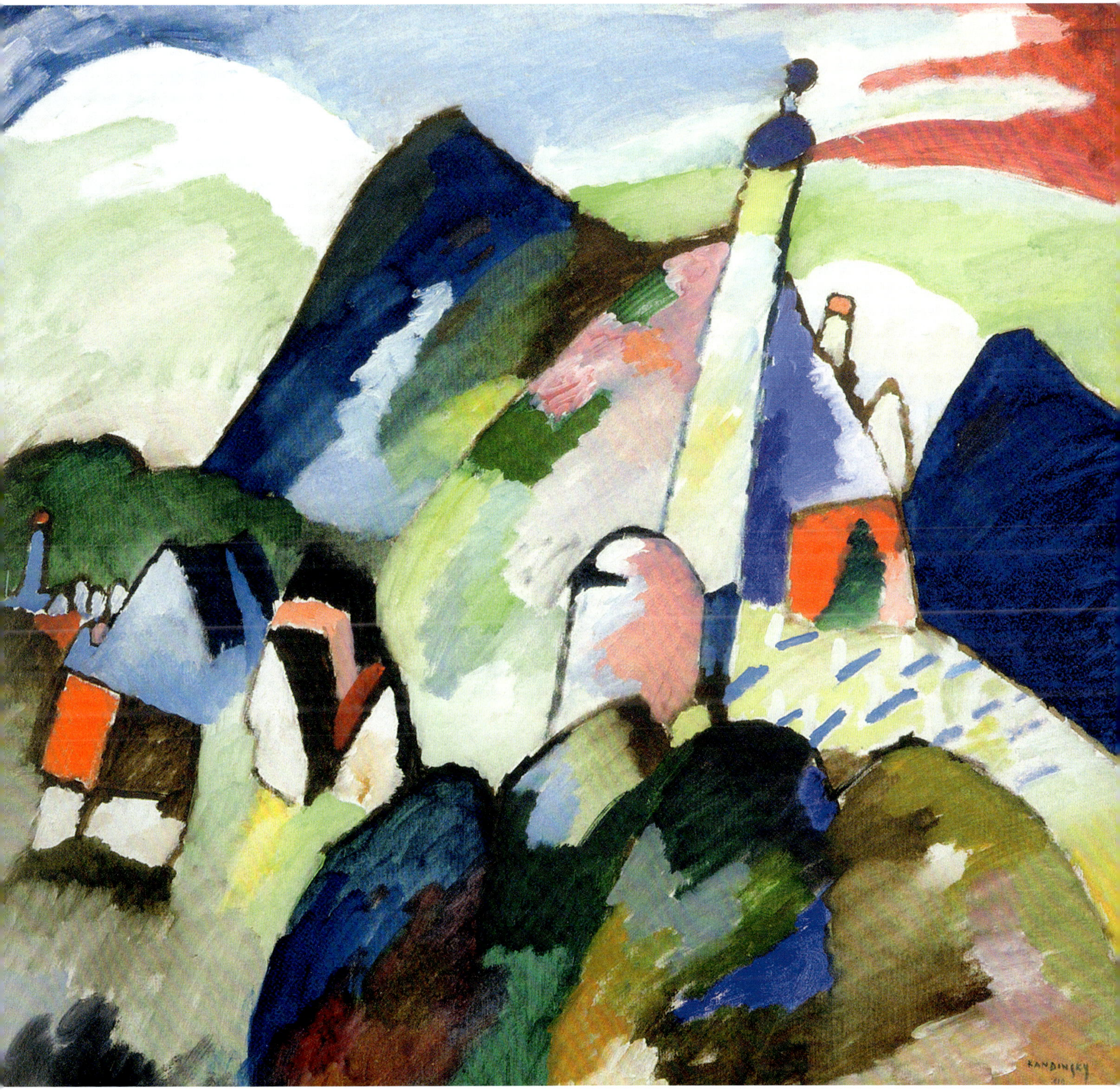

Murnau mit Kirche II

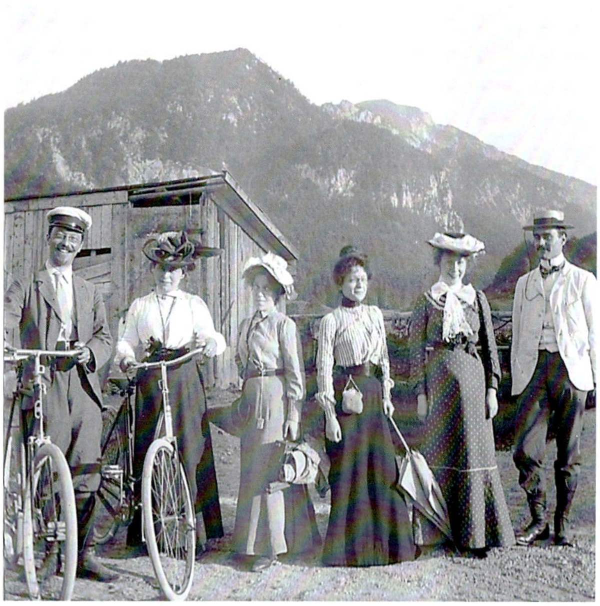

Kandinsky mit seiner Malklasse auf Fahrradtour im »Blauen Land«

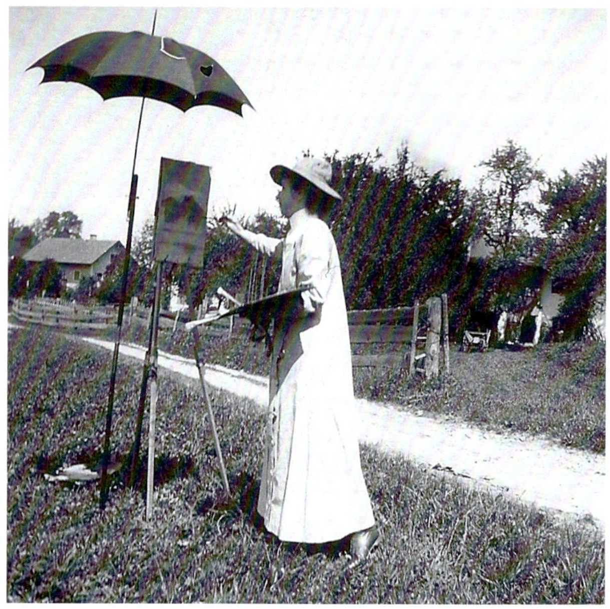

Gabriele Münter beim Malen im Freien

Kandinsky und Gabriele Münter hatten den kleinen Ort nicht weit von München auf einem Ausflug entdeckt. Damit sie immer wieder zurückkehren konnten, kaufte Gabriele Münter dort ein Haus.

In den Sommermonaten packten sie häufig ihr Malzeug ein und hielten auf kleinen Malpappen fest, was für sie wichtig war: die hügelige Landschaft vor den Alpen, das Murnauer Moos, die Ansicht auf den Ort mit Kirche und Schloss, den Staffelsee und sogar die Dampflokomotive, die sie immer von München nach Murnau brachte.
Wo in diesem Buch kannst du das Bild finden, auf dem Kandinsky sie gemalt hat?

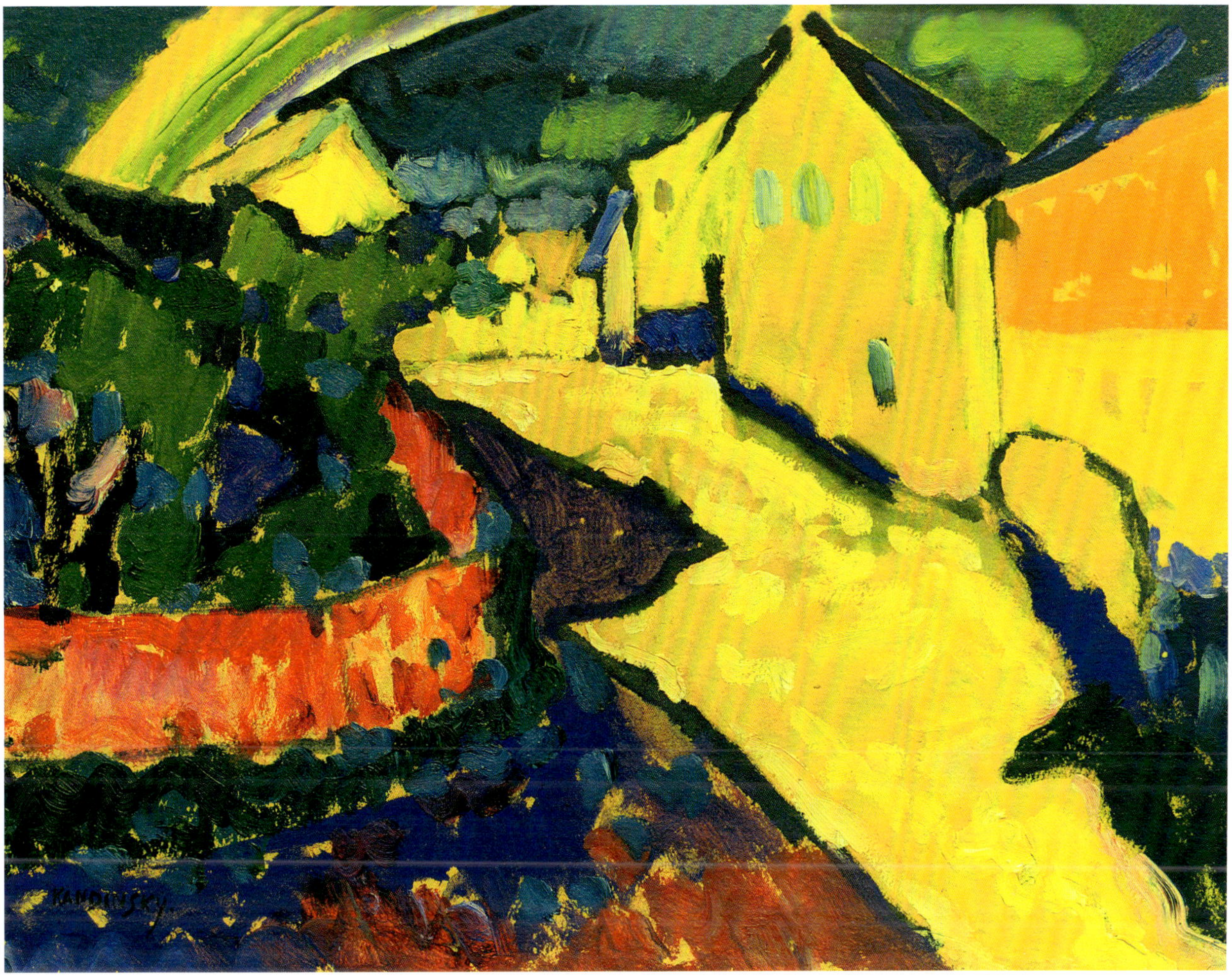

Murnau – Landschaft mit Regenbogen

Ist das hier vorne im Bild ein Garten mit Bäumen und Blumen? Gelber Fluss oder Weg? Sind das Häuser mit Spitzen? Kandinsky hat die Murnauer Dorfstraße und die bunt angestrichenen Giebelhäuser nur mit ganz einfachen, flächigen Formen wiedergegeben. Die kräftigen Farben hat er locker und schnell, ohne viel nachzudenken, aufgetragen. An einigen Stellen scheint die ockerfarbene Malpappe sogar noch durch. Kannst du es auch sehen?

Gelbe Straße. Rote Gartenhecke. Sonnengelbe Häuser. Da sind ja grüne Wolken! Hast du schon jemals solche Wolken gesehen? Und den Schatten malt Kandinsky blau. Kandinsky hat die Farben für sein Bild einfach nach seinem Gefühl gewählt. In seinem Regenbogen hat er zwei Farben weggelassen. Mit welchen Farben malst du einen Regenbogen?

Ist das hier auch eine Landschaft? In diesem Bild kommt viel Gelb und Schwarz vor. Ein gelber und ein schwarzer Berg?

Kandinsky hat seinem Bild den Zusatztitel »Konzert« gegeben. Er hat es wenige Tage nach dem Besuch einer Musikaufführung gemalt. Konzert? Jetzt erkennst du es vielleicht auch! Diese große schwarze Fläche könnte das Instrument sein, das so ähnlich aussieht wie ein Klavier: ein Konzertflügel. Und links, nur mit ganz einfachen Umrissen und Farbklecksen angedeutet, die Menschen, die zugucken.

Was meinst du: Können Farben klingen wie Töne in der Musik? Kandinsky meinte, dass man Farben nicht nur sehen, sondern auch hören kann. Die Farbe Gelb zum Beispiel klang für ihn wie ein laut geblasener Trompetenton. Orange glich für ihn dem Klang einer Kirchenglocke. Grün erinnerte ihn an ruhige, mitteltiefe Töne einer Geige. Und leuchtendes Zinnoberrot? Das erschien ihm wie heftige Trommelschläge!

Wenn du ganz lange auf die Farben in dem Bild hier schaust, kannst du vielleicht auch Musik hören. Mit welcher Farbe würdest du den hellen Ton einer Glocke malen?

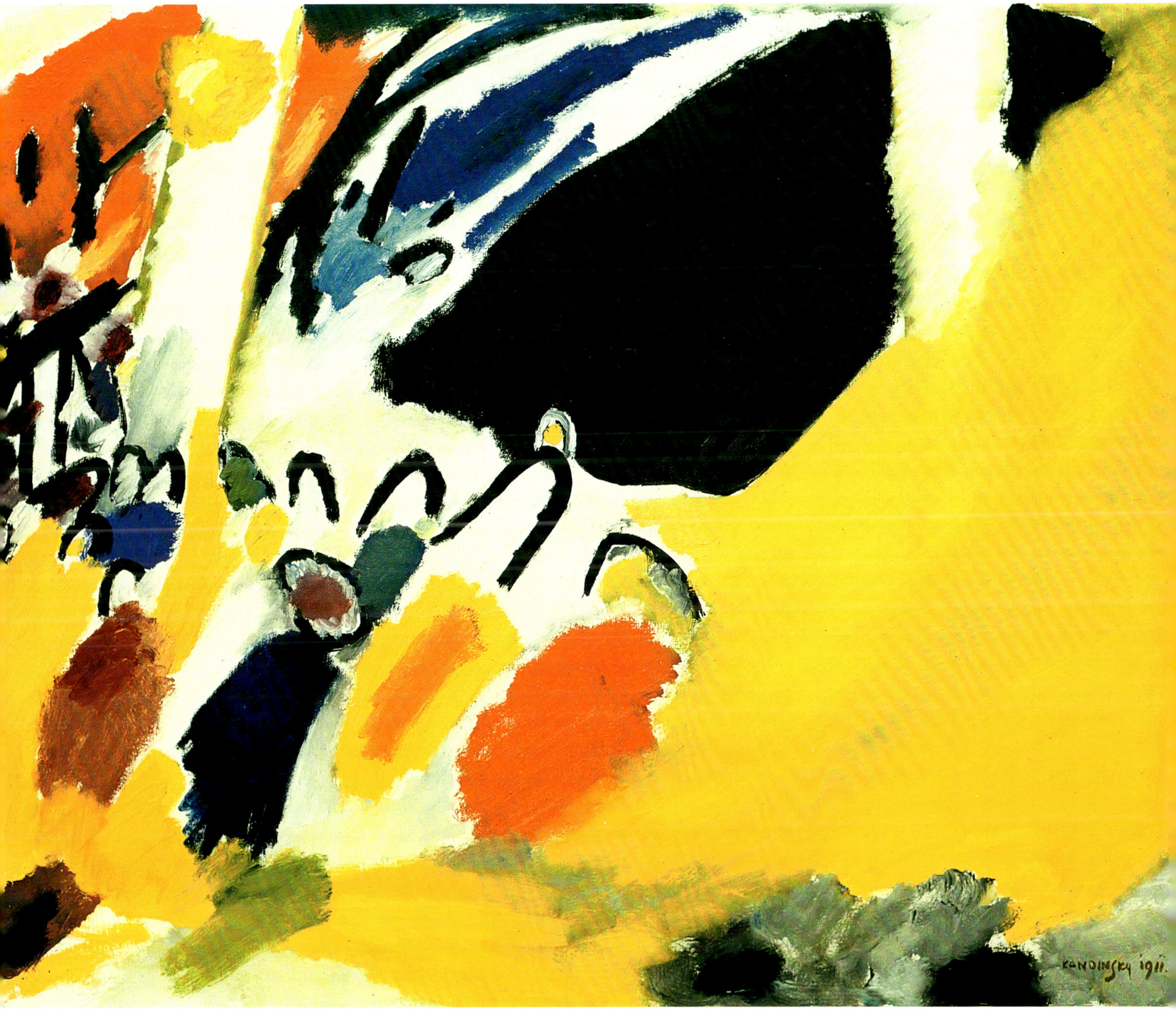

Impression III (Konzert)

Berge und Reiter

Ein blauer und ein roter Berg? Doppel-Berg? Er ist nur in einer einfachen Dreiecksform gemalt – wie die anderen Kandinsky-Berge, die du schon kennst. Der Himmel ist ganz bunt gefärbt, in leuchtenden Gelb-Orange-Rottönen, als ob die Sonne gerade untergeht.

Was liegt denn dort oben, am Hang des Berges? Ein Nest? Eine Burg? Oder hat Kandinsky hier eine kleine Stadt mit gelben Kuppeln gemalt? Fast sieht sie aus wie angeklebt.

Dieser Berg hat in der Mitte viel Weiß und Grün. Ist das ein Fluss oder ein Weg, der nach unten führt? Und am Fuß des Berges – das sind ja seltsame Figuren! Man kann sie gar nicht richtig sehen. Gestalten ganz ohne Gesichter: ohne Augen, Nase, Mund. Auch Arme und Beine fehlen. So hat Kandinsky die Figuren in seinen Bildern oft dargestellt: sehr vereinfacht, mit schwarzen Umrandungslinien und verschiedenen Farben ausgemalt.

Links – das könnte ein Reiter auf einem weißen Pferd sein! Als kleiner Junge liebte Kandinsky es, Reiter zu spielen. Du auch? Zu seinen Lieblingsspielzeugen gehörte ein weißgeflecktes Bleipferdchen. Immer, wenn er später ein gescheckte Pferd in den Straßen von München sah, erinnerte er sich an dieses kleine Pferdchen aus Blei und die Kinderspiele in seiner russischen Heimat.

Seite 15: Berg

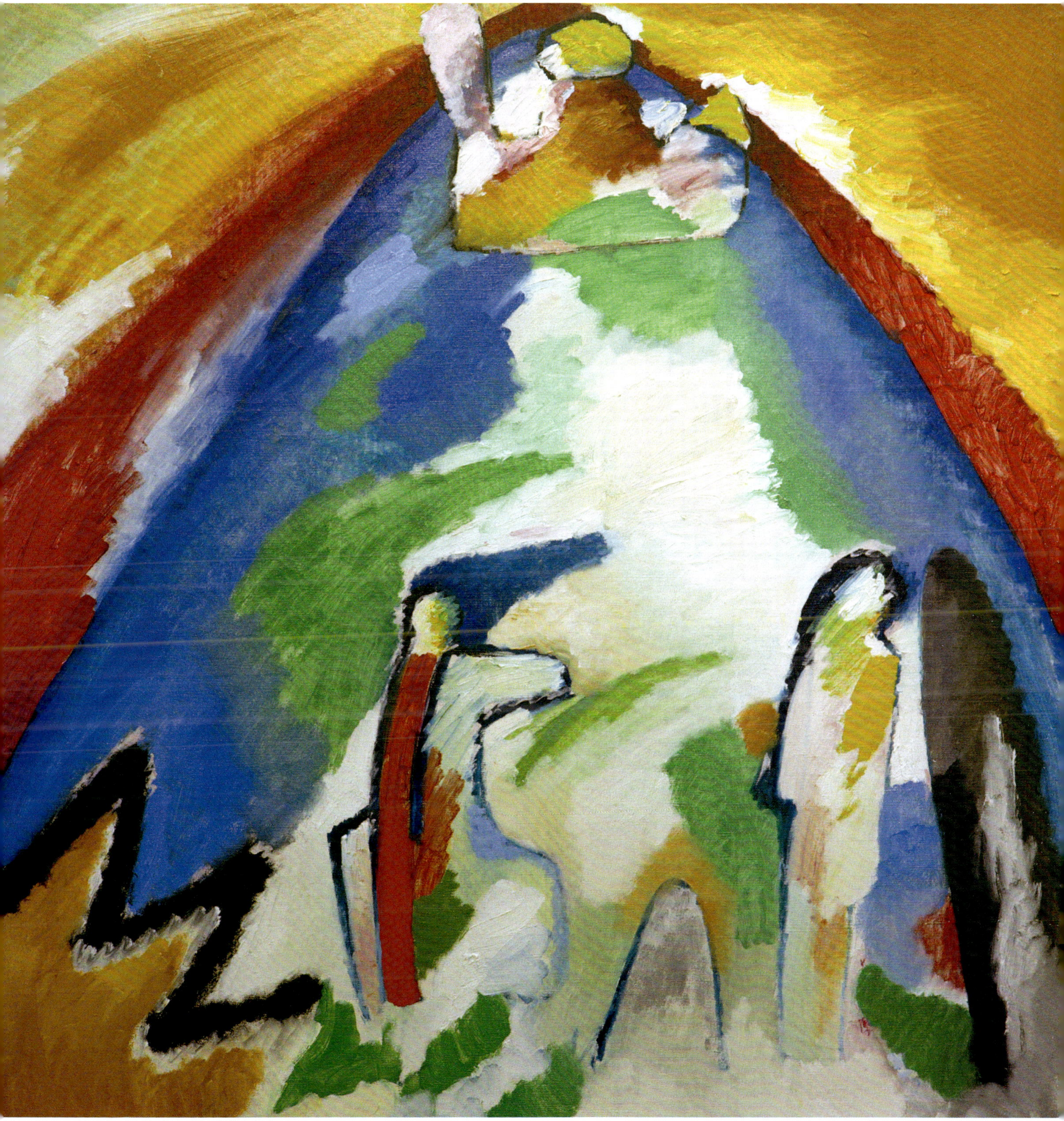

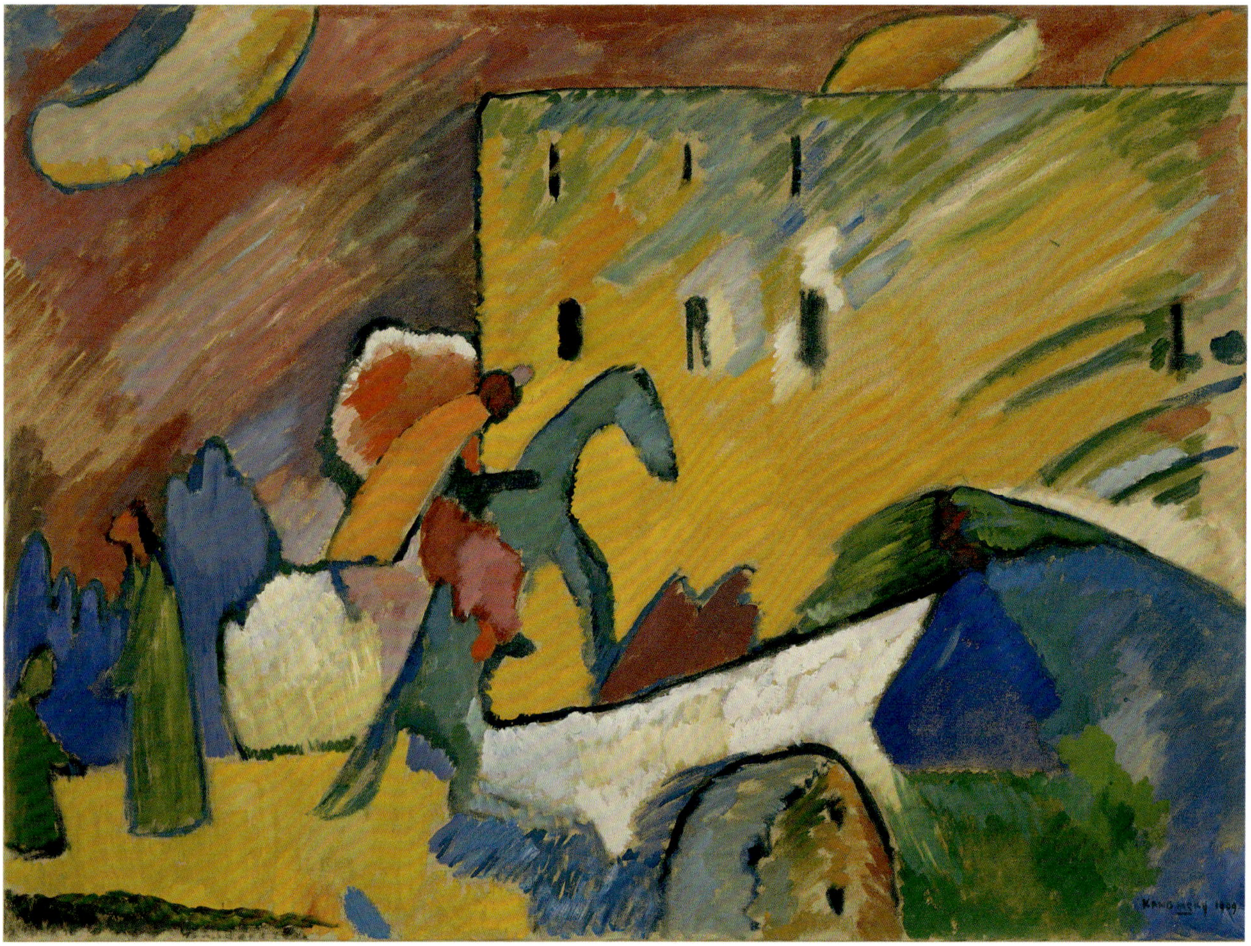

Improvisation 3

Kommt dir das Bildmotiv bekannt vor? Schon wieder ein Reiter! Du begegnest ihm in Kandinskys Bildern immer wieder. Wohin ist dieser geheimnisvolle Reiter wohl unterwegs? Über ihm am Himmel: Seltsam. Ist das der Mond? Eine Sternschnuppe? Links stehen wieder zwei rätselhafte Figuren in grünen Gewändern. Im Hintergrund ist eine Burg oder ein altes, bewachsenes Haus zu sehen. Das grüne Pferd steigt gerade bergauf – vielleicht will es über eine Brücke oder Schlucht galoppieren, um hinauf zum Haus oder zur Burg zu gelangen.

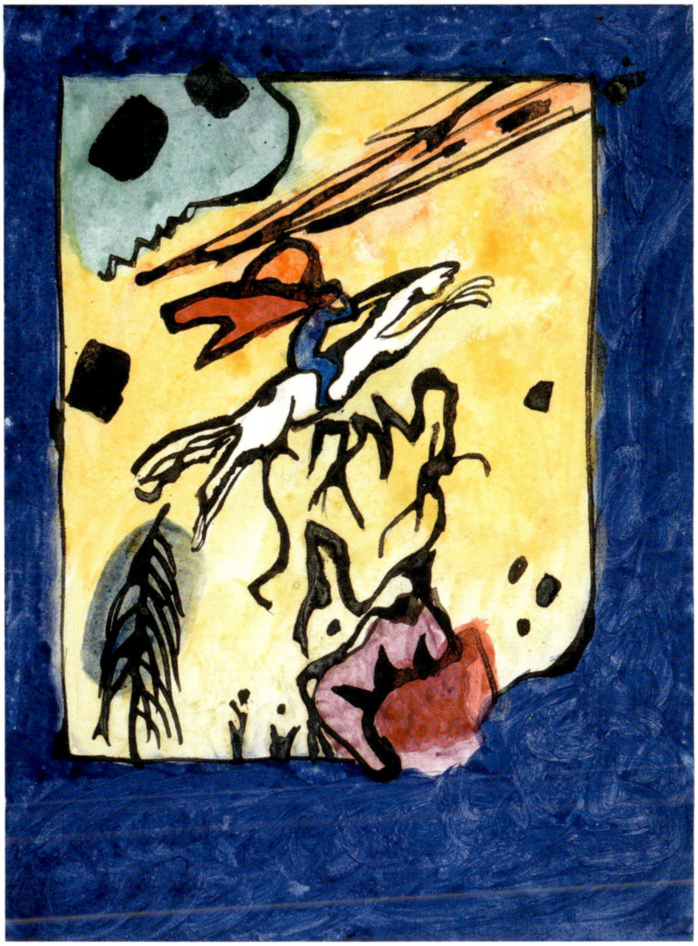

Ein Entwurf für den Umschlag des berühmten Buches »Der Blaue Reiter«

Der Reiter hier auf dem weißen Pferd trägt einen ganz ähnlichen Umhang oder Mantel wie der links auf dem Bild. Aber worüber springt er denn da? Zackiger Felsen? Umgefallener Baumstumpf? Wie eine Gazelle springt er zwischen den Hindernissen hindurch nach oben. Baum mit Äpfeln? Blitze?
Zusammen mit seinem Malerfreund Franz Marc, der oft Tiere gemalt hat, hatte Kandinsky den Plan, ein ganz neuartiges Kunstbuch herauszubringen. Verschiedene Künstler sollten darin ihre Gedanken über Kunst aufschreiben. Neben modernen Bildern sollten auch Kinderzeichnungen und Kunstwerke aus anderen Ländern zu sehen sein, wie zum Beispiel aus Afrika oder Ägypten.
Für die Vorderseite des Buchumschlags machte Kandinsky viele Entwürfe – einer davon ist das Bild hier mit dem blauen Rahmen. Als Titel für das Buch hatten sich Kandinsky und Franz Marc »Der Blaue Reiter« ausgedacht. Warum »Der Blaue Reiter«? Weil beide Pferde und Reiter liebten. Und sie mochten besonders Blau – die Farbe, die auch im Malkasten von Kindern meistens am schnellsten verbraucht ist.

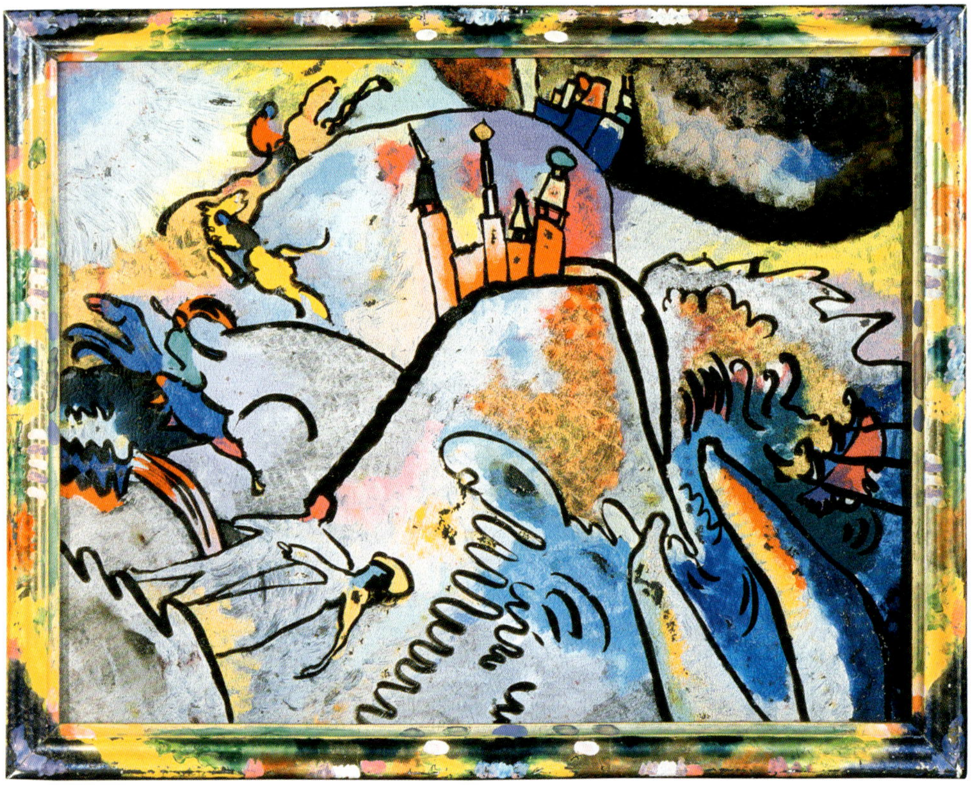

Glasbild »Mit Sonne«

Eine kleine Stadt mit Kuppeltürmen auf dem Berg. Schneeberg? Links, unter der weiß-bläulichen Sonne, galoppieren drei bunt gemalte Reiter die Hügel hinauf. Einige Bildelemente, die du schon kennst, tauchen hier wieder auf. Da sind auch zwei Menschen. Sie sind ja ganz schief gemalt, als würden sie gleich umkippen!

Und was bewegt sich da rechts, unter der schwarzen Donnerwolke, zwischen den hohen Wellen? Kandinsky hat es nur angedeutet, mit einem roten Halbkreis: ein kleines Boot mit drei Ruderern.

»Mit Sonne« heißt dieses kleine, bunte Glasbild. Ganz ungewöhnlich: Es hat einen bemalten Rahmen. Glasbild?
In Murnau hatte Gabriele Münter entdeckt, wie die Kunsthandwerker der Gegend ihre Motive anstatt auf Leinwand einfach auf Glasscheiben malten. Die kleinen Bilder mit den leuchtend bunten Farben und schwarz umrandeten Formen gefielen ihr und Kandinsky so gut, dass sie selber bald auch Bilder auf Glas malten. Vielleicht kannst du es auch sehen: Für das Glasbild hier hat Kandinsky sogar Gold und Silber verwendet.

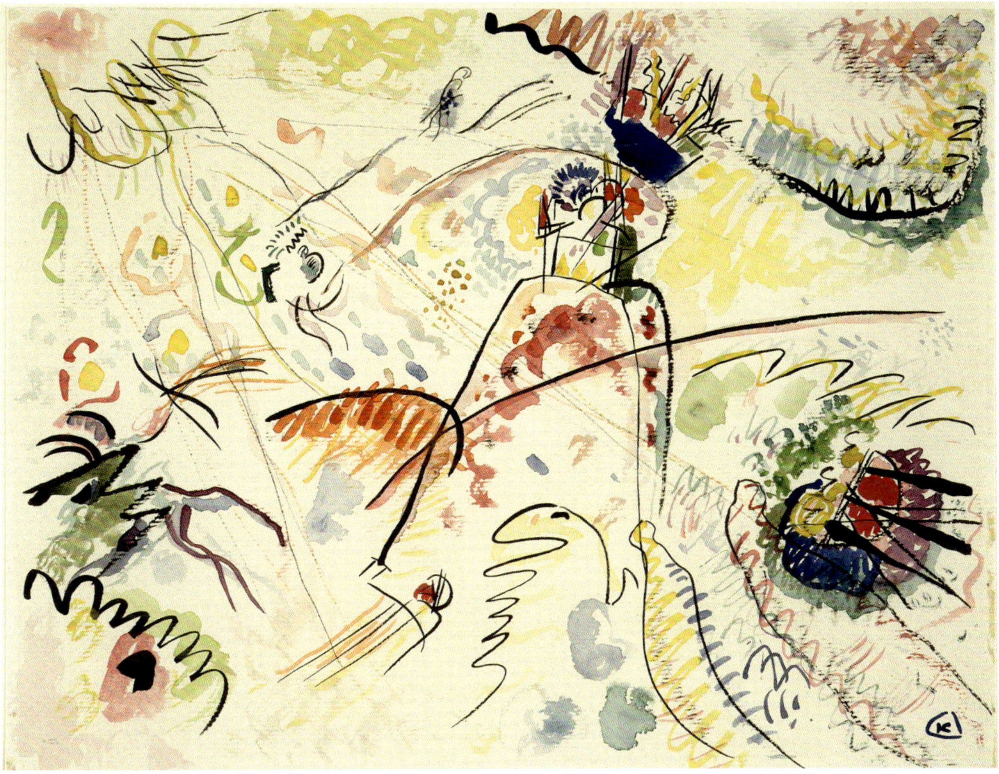

Entwurf für das Bild »Kleine Freuden« in Wasserfarbe und Tusche

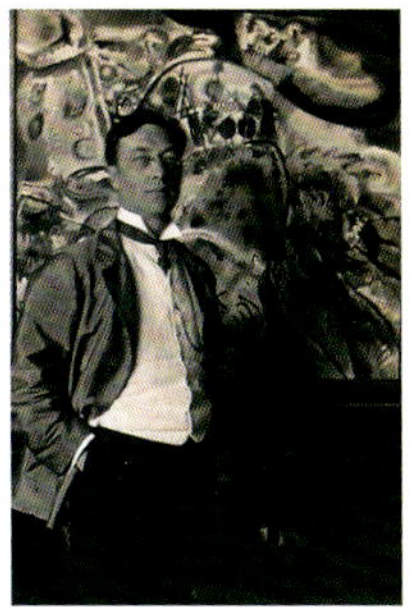

Kandinsky vor seinem Bild »Kleine Freuden«

Später hat Kandinsky ein großes Bild mit Ölfarben gemalt, für das er das kleine Glasbild als Vorlage genommen hat. »Kleine Freuden« hat er es genannt.

In dem Entwurf für das Ölbild kannst du zwischen den bunten Farbstrichen und -flecken die kleine Stadt auf der Bergkuppe leicht entdecken. Auch das Boot ist deutlich zu erkennen, mit drei langen schwarzen Rudern. Vergleiche das Glasbild einmal mit dem Entwurf. Welche Gemeinsamkeiten findest du noch?

Kandinsky hat seine Bildideen oft in vielen Entwürfen ausprobiert, bis er so zufrieden war, dass er das Bild in großem Format und mit Ölfarben malen konnte.

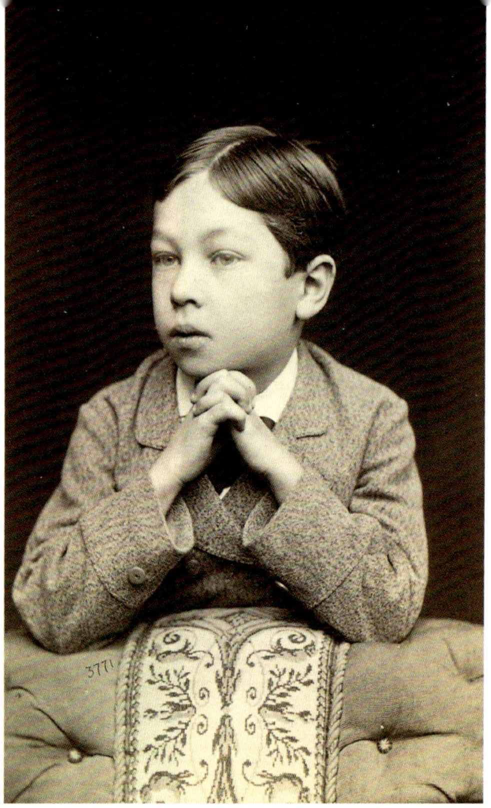

Kandinsky im Alter von acht Jahren in Odessa

Kandinskys Leben 1866-1944

1866 Wassily Kandinsky wird am 4. Dezember in der russischen Stadt Moskau geboren. Schon als dreijähriger Junge hat er ein besonderes Gefühl für Farben.

1871 Kandinskys Familie zieht nach Odessa (heutige Ukraine), wo seine Eltern sich bald trennen. Er bleibt bei seiner Mutter. Kandinsky bekommt Zeichenstunden und kauft sich später von seinem Taschengeld seinen ersten Malkasten mit Ölfarben. Einmal im Jahr reist er mit seinem Vater in seine geliebte Heimatstadt Moskau.

1886 Er kehrt nach Moskau zurück und studiert Jura und Volkswirtschaft. Nach dem Abschluss seines Studiums heiratet er 1892 Anja Tschimiakin.

1896 Kandinsky sieht ein Bild des französischen Malers Claude Monet. Dieses Gemälde begeistert ihn so sehr, dass er beschließt, Maler zu werden. Er geht nach Deutschland in die Kunststadt München und besucht dort zwei Jahre den Unterricht an einer privaten Malschule. Erst bei seinem zweiten Versuch gelingt es ihm, an der großen Kunstschule in München aufgenommen zu werden.

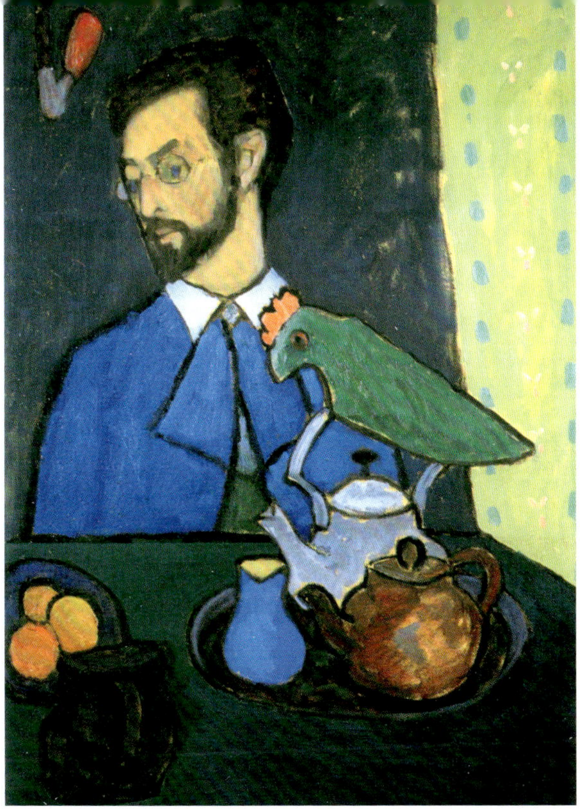

Gabriele Münter hat Kandinsky am Teetisch in ihrem Haus in Murnau gemalt.

1901 Er schließt sich mit anderen Malern zu einer Künstlergruppe zusammen, macht viele Ausstellungen und eröffnet eine eigene Kunstschule. Gabriele Münter, eine seiner Schülerinnen, wird seine Freundin.

1904 Kandinsky trennt sich von seiner Frau Anja und unternimmt mit Gabriele Münter in den nächsten Jahren viele Reisen. Ab 1906 leben sie für ein Jahr in der Nähe von Paris (Frankreich), später, bevor sie nach München zurückkehren, in Berlin.

1908 Auf einem Ausflug kommen Kandinsky und Gabriele Münter zum ersten Mal nach Murnau (Oberbayern). Begeistert von der umliegenden Landschaft malen sie viele Bilder. Ein Jahr später kauft Gabriele Münter dort ein Haus, wo sie sich mit Kandinsky besonders im Sommer oft aufhält. Kandinsky schreibt ein wichtiges Buch über die Wirkung von Farben.

1911 Als einer der ersten Künstler des 20. Jahrhunderts malt Kandinsky Bilder, auf denen keine Gegenstände oder Menschen erkennbar sind. Sein neuer Malstil macht ihn auf der ganzen Welt berühmt.
Mit seinem Malerfreund Franz Marc entwickelt Kandinsky die Idee für das Kunstbuch »Der Blaue Reiter«. Gemeinsam mit anderen Künstlern stellen sie unter diesem Namen auch ihre Werke aus.

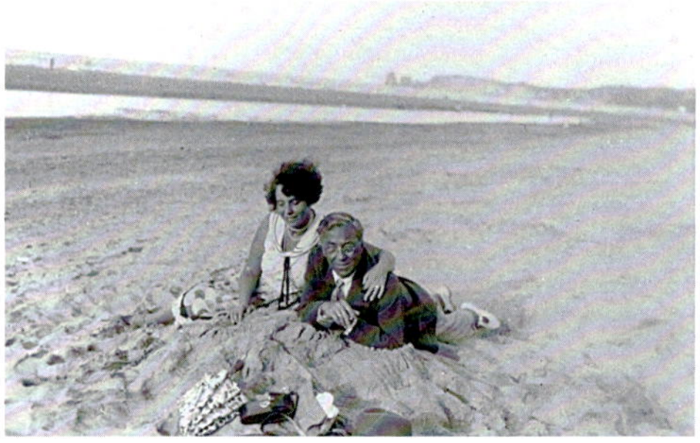

Kandinsky und Nina bei einem Ferienaufenthalt am Strand von Hendaye (Belgien), von Paul Klee fotografiert

1914 Zu Beginn des Ersten Weltkrieges flieht Kandinsky mit Gabriele Münter in die Schweiz und muss alle seine Bilder zurücklassen. Im November reist er allein nach Moskau weiter. Zu dieser Zeit entstehen vor allem Aquarelle und Zeichnungen. Ein Jahr später trifft er Gabriele Münter in Stockholm (Schweden) zum letzten Mal.

1916 Kandinsky verliebt sich in Moskau in Nina Andrejewskaja. Ein Jahr später heiraten sie und ihr Sohn Wsevolod kommt zur Welt.

1919 Als Museumsdirektor richtet er viele Museen in Russland ein und arbeitet als Kunstprofessor an der Universität. Er malt nur wenige Bilder. 1921 stirbt Wsevolod. Mit seiner Frau Nina kehrt er wieder nach Deutschland zurück.

1922 Kandinsky beginnt im Juni als »Meister« am Bauhaus zu arbeiten, der damals modernsten Kunstschule – zuerst in Weimar, später in Dessau und Berlin. Hier verwendet er viele geometrische Formen für seine Bilder. 1924 gründet er mit seinen Freunden Paul Klee, Alexej Jawlensky und Lyonel Feininger die Künstlergruppe »Die Blaue Vier« und sie stellen ihre Bilder sogar in Amerika aus. Gemeinsam mit Paul Klee sammelt er auch wieder Kinderzeichnungen.

1926 Sein Buch »Punkt und Linie zu Fläche« erscheint in der Reihe der Bauhaus-Bücher. Kandinsky ist jetzt ein berühmter Künstler. Mit vielen Ausstellungen in Deutschland, Europa und Amerika wird sein 60. Geburtstag gefeiert.

1928 Kandinsky entwirft am Theater in Dessau für eine Aufführung von Mussorgskys »Bilder einer Ausstellung« das Bühnenbild und die Kostüme.

1930 Der amerikanische Sammler Solomon R. Guggenheim kauft über 150 Bilder von ihm auf einmal – was für ein Traum! Heute kannst du sie im Guggenheim Museum in New York bewundern.

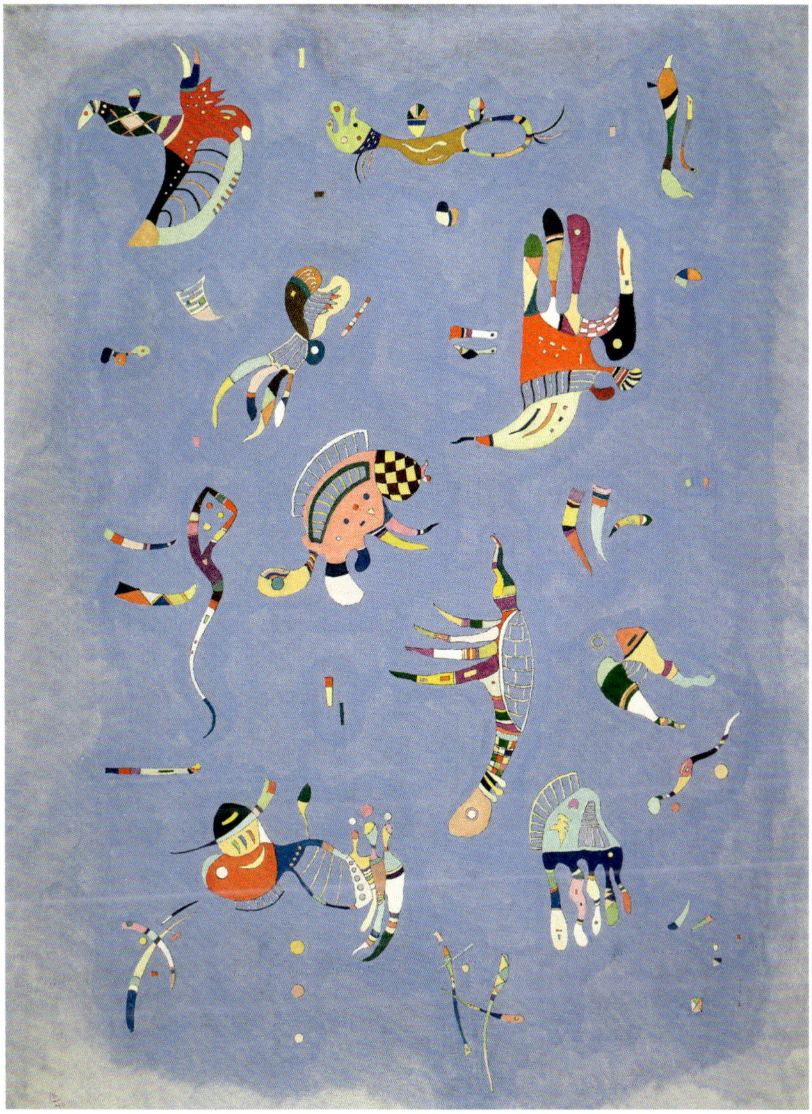

»Himmelblau« – eines von Kandinskys späten Bildern mit bunter Farbpalette und fantasievollen Formen

1933 Als das Bauhaus in Berlin geschlossen wird, verlässt Kandinsky Deutschland und zieht mit Nina nach Neuilly-sur-Seine bei Paris.

1944 Trotz Krankheit schreibt und malt er bis zuletzt an kleineren Zeichnungen, Bildern und Aquarellen. Mit 78 Jahren stirbt Kandinsky. Heute sind seine Bilder ein Vermögen wert.

Formen Farben Linien

Ganz schön viele Farben! Sind das oben im Bild gezackte Wolken? In wie vielen unterschiedlichen Farbtönen Kandinsky die Berglandschaft und den Himmel hier gemalt hat! Reine und mit Weiß gemischte Farben sind flächig nebeneinander gesetzt und ineinander gestrichelt, manchmal auch noch mit einer anderen Farbe übermalt. Oft kannst du seinen Pinselstrich deutlich sehen.

Da sind sie ja auch, Kandinskys Lieblingsmotive, das Pferd und ein kleiner Reiter mit Umhang. Auch die kleine Burg oder Stadt mit Kuppeltürmen begegnet uns hier wieder. Das Gelbe vor der Burg könnte ein Weg sein. Helle und dunkle Zonen wechseln sich miteinander ab. Für die Schatten hat Kandinsky ein ganz dunkles Blau genommen, das fast wie Schwarz aussieht.

Einige Bildelemente, wie zum Beispiel den schiefen Baum in der Mitte, kannst du leicht erkennen. Kandinsky hat sie mit einer dunkelblauen Linie umrandet. Andere Teile des Bildes bleiben geheimnisvoll. Links unten im Vordergrund erkennt man nicht genau, was dargestellt ist. Was siehst du? Stehen dort Menschen? Es könnten auch Blumen sein!

Kandinsky hat dieses Bild wie viele andere seiner Gemälde »Improvisation« genannt. Improvisation? Das bedeutet, einfach etwas zu tun, ohne vorher viel zu planen. Er hat die Landschaft frei nach seiner eigenen Fantasie in bunte Formen aufgelöst.

Seite 25: Improvisation 9

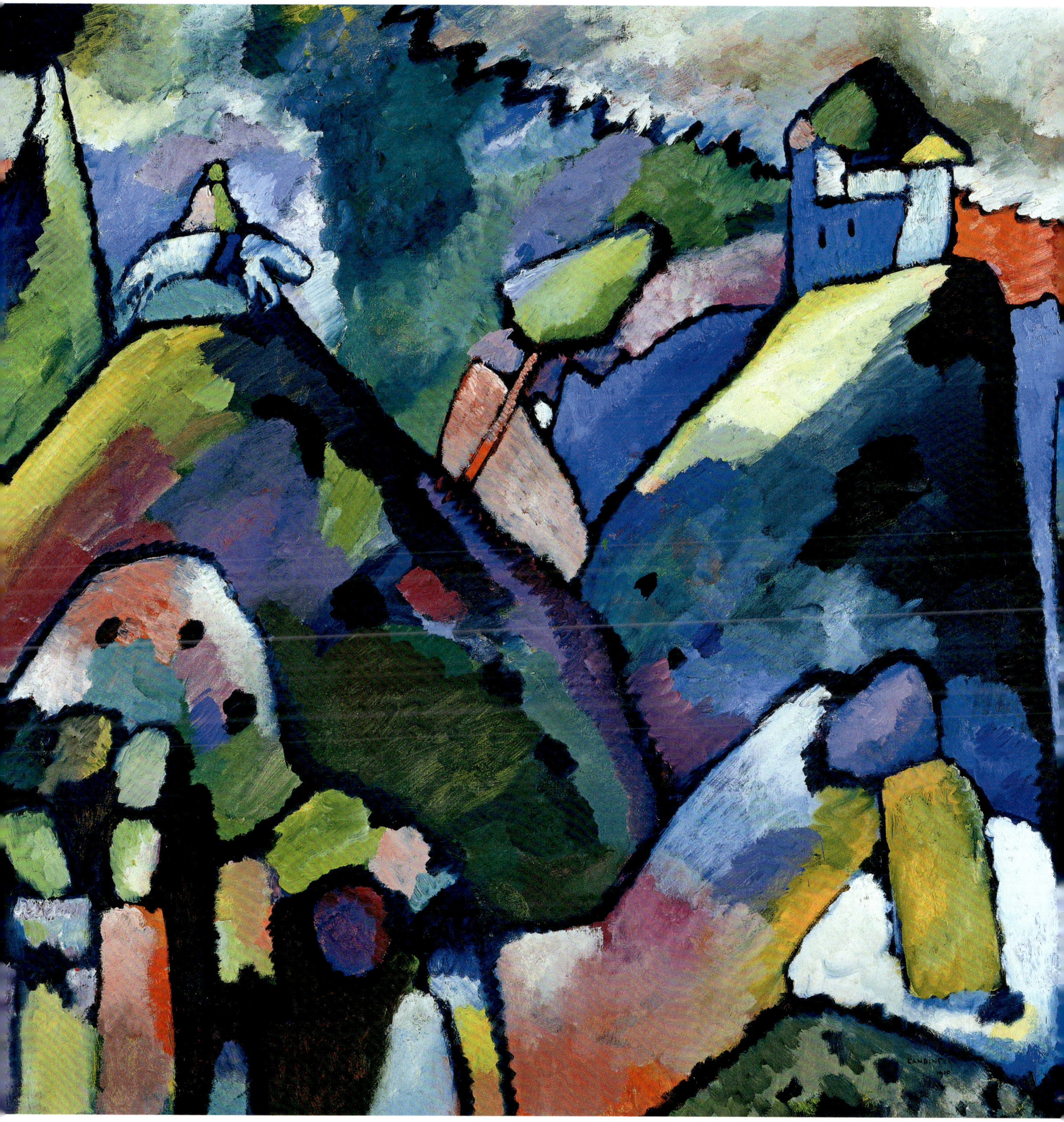
KANDINSKY
1910

Was soll das sein? Ein buntes Farbenfest? Ein Gemälde der Fantasie! Du kannst in diesem Getümmel von Formen, Farben und Linien sofort viele Dinge entdecken.

Einen Schmetterling? Ein Gesicht? Eine Banane? Eine Wasserpflanze? Kleine Blumen? Was erkennst du noch alles? Die Federn von einem Pfau?

Seine Bilder mit dem Titel »Komposition« hat Kandinsky sorgfältig vorbereitet. Für »Komposition VII«, sein größtes Bild, hat Kandinsky vorher sehr viele Zeichnungen und Studien angefertigt. Eine davon, die er sogar mit Öl- und Temperafarben gemalt hat, kannst du hier sehen.

Wie aber ist Kandinsky überhaupt zu seinen Bildern mit freien Formen gekommen? Dazu hat er selbst eine Geschichte erzählt: Eines Abends, als er in sein Atelier zurückgekehrt war, sah er ein geheimnisvolles Bild dort stehen, auf dem im Halbdunkel nichts anderes zu erkennen war als Formen und Farben. Dieses Bild schien von innen zu leuchten! Als er näher herantrat, erkannte er sofort, dass es eines seiner eigenen Bilder war – es stand nur, an die Wand angelehnt, auf der Seite. Am nächsten Tag, als alle Gegenstände auf dem Bild wieder deutlich zu sehen waren, war der ganze Zauber jedoch verschwunden. Da stellte Kandinsky fest, dass Formen und Farben allein ausreichten, um schöne Bilder zu gestalten.

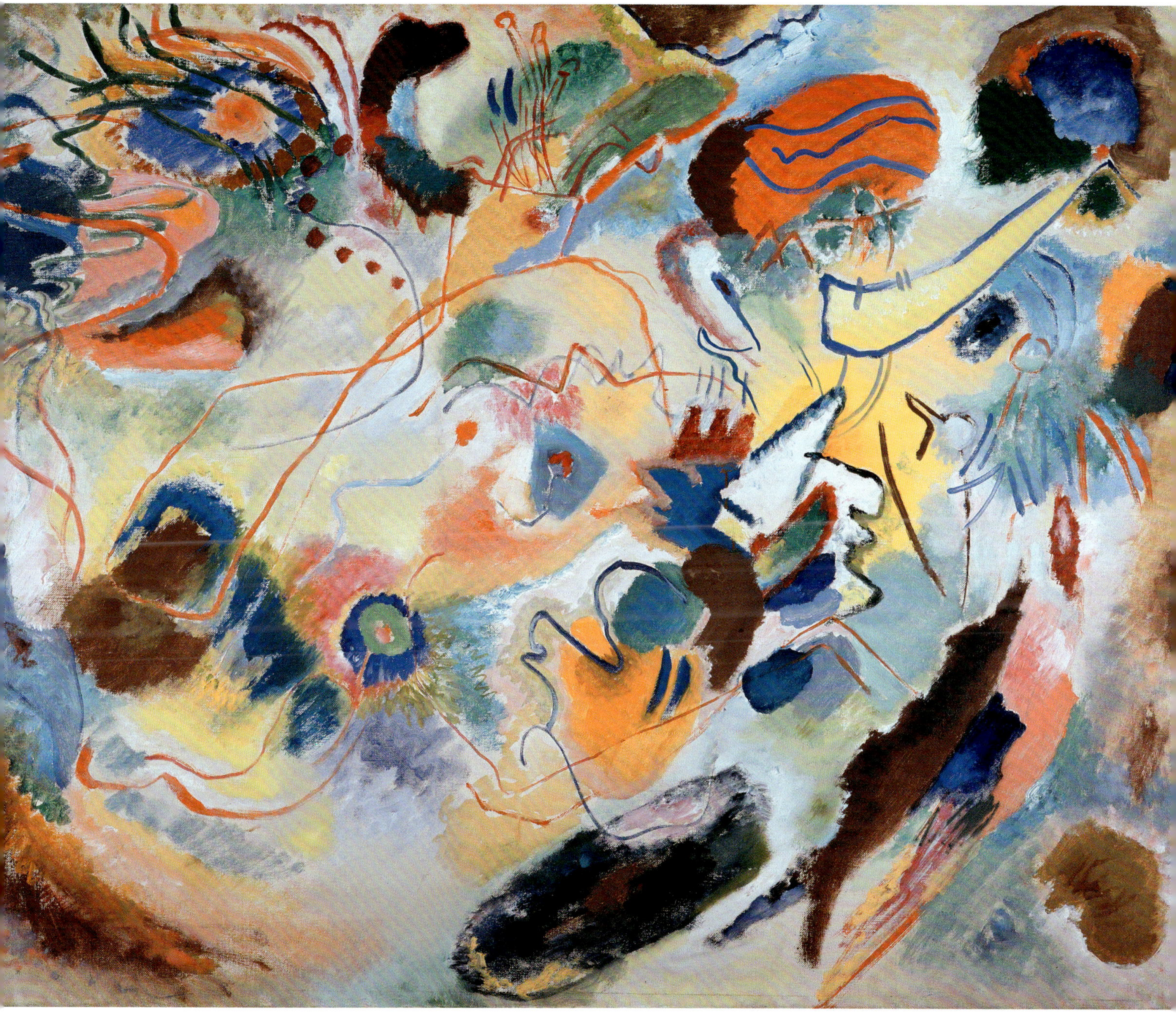

Studie zu Komposition VII

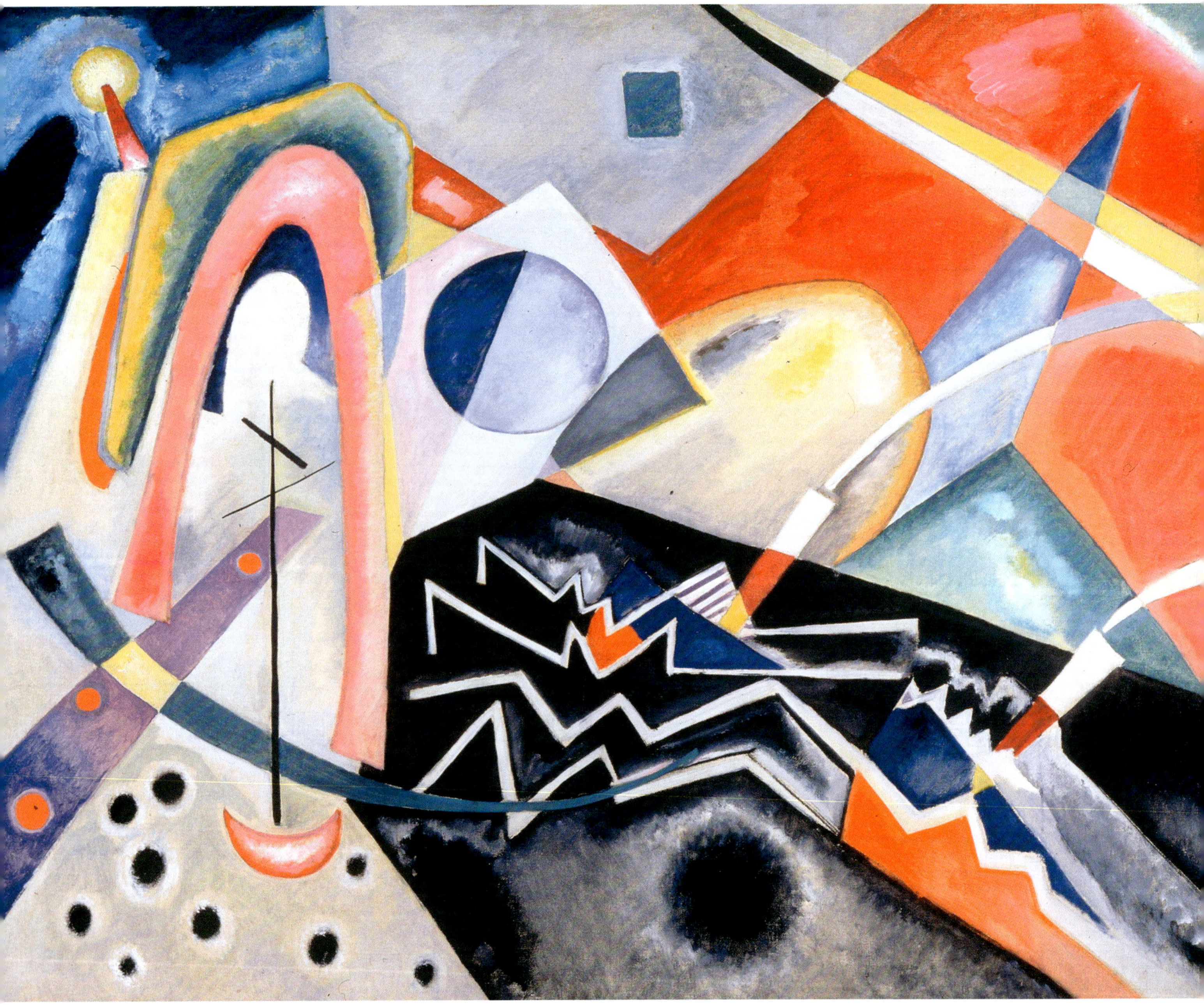

Weiße Zickzacks

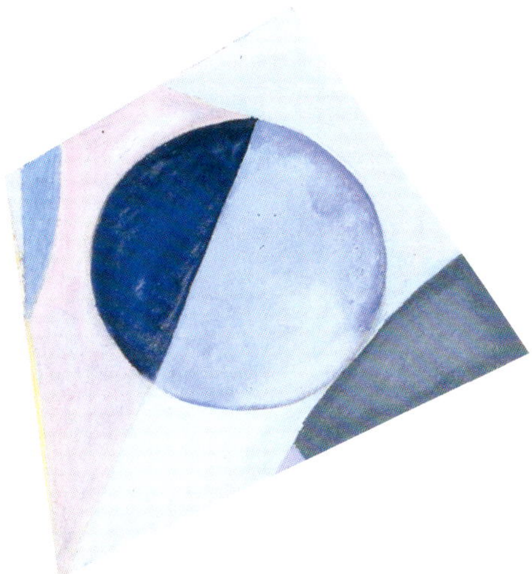

Detail aus »Weiße Zickzacks«

Bunte Zauberwelt!
Überall sind Formen, aber keine Menschen.

»Weiße Zickzacks«?
Hat das etwas mit Linien zu tun? Zickzacklinien.
Hier sind auch welche!
Gerade, krumme, schiefe, eckige, gebogene, verschieden lange Linien.
Kannst du sie sehen?

Sicher erinnern dich manche der Formen, die hier auftauchen, auch an etwas: einen Leuchtturm, schwarzes Wasser, Wellen, einen spitzen Berg, Schiffe in Seenot.
Eine Kugel mit einer helleren und einer dunkleren Hälfte. Weltall?

Am Bauhaus

Muster wie bei einem Schachbrett. Schwarze Striche, die sich kreuzen. Ein spitzes Dreieck. Wellenlinie. Eine blaue Pyramide? Viele bunte Kreise und Halbkreise. Manche sind von Farbringen umgeben. Andere haben eine Art Strahlenkranz. Großer schwarzer Planet? Kleine Sonnen?

Viele verschiedene Formen, die aber eine bestimmte Ordnung haben.
Dreiecke, Vierecke, Kreise, gerade und gebogene Linien, sorgfältig mit Lineal und Zirkel gezogen: In Kandinskys Bildern tauchen diese geometrischen Elemente in immer wieder neuen Kombinationen auf.

Wie viele seiner Kollegen am Bauhaus, der berühmten Kunstschule, an der er unterrichtet hat, interessierte Kandinsky sich für solche geometrischen Formen. Aber am liebsten mochte er den Kreis. Er sagte: »Ich liebe den Kreis heute, wie ich früher zum Beispiel das Pferd geliebt habe.«

Für den Malgrund seines großen Bildes hat Kandinsky eher blasse Farben verwendet. Schau mal, in wie vielen verschiedenen Schattierungen sie vorkommen!

Kandinskys Formen scheinen im Bildraum zu schweben. Weltraum? Jeder kann sich in den Formen nach seiner eigenen Fantasie unterschiedliche Dinge vorstellen. Wenn das Bild noch keinen Titel hätte – wie würdest du es nennen? Die verschiedenen bunten Formen? Das Bild der tausend Muster?

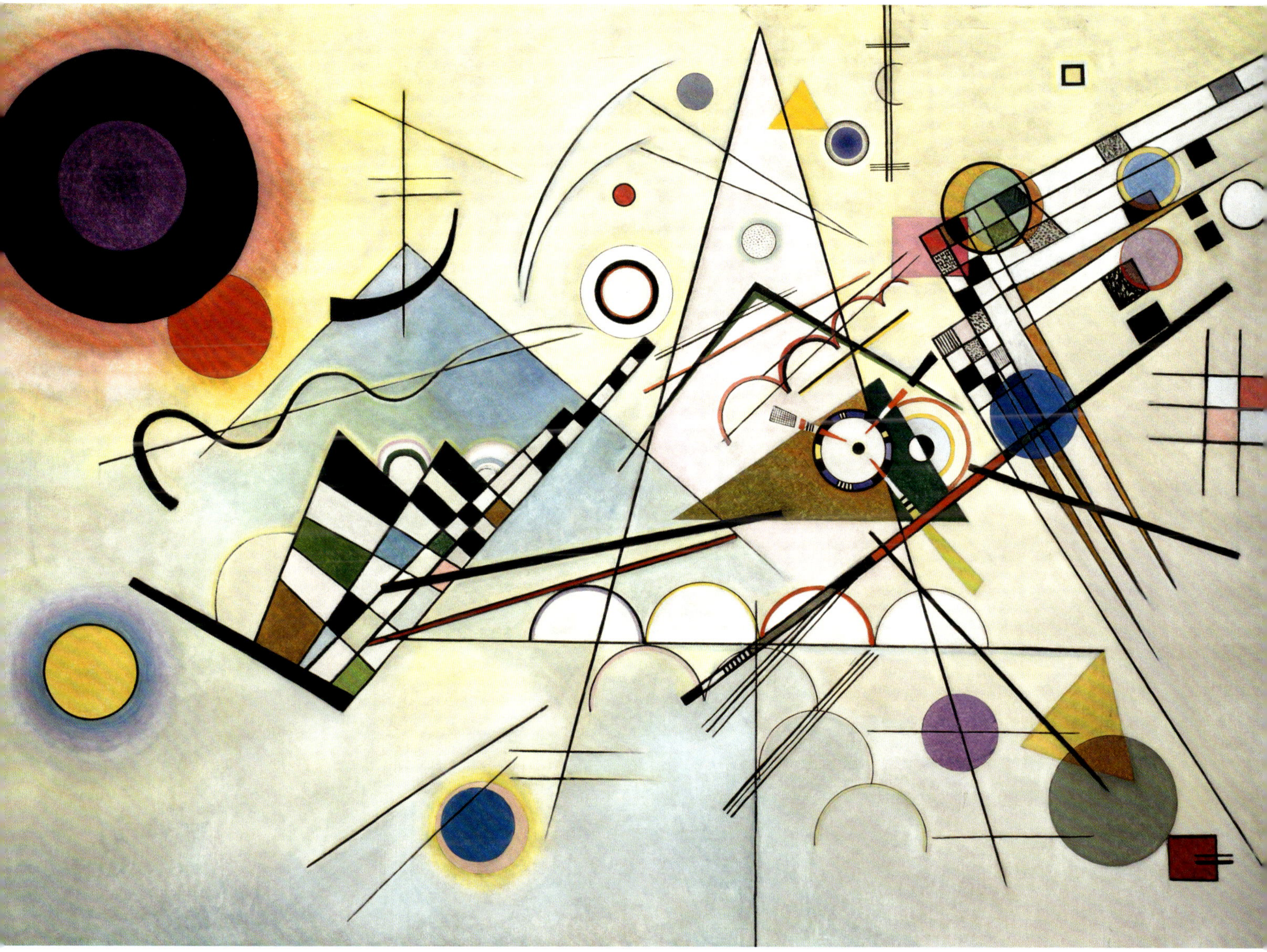

Komposition VIII

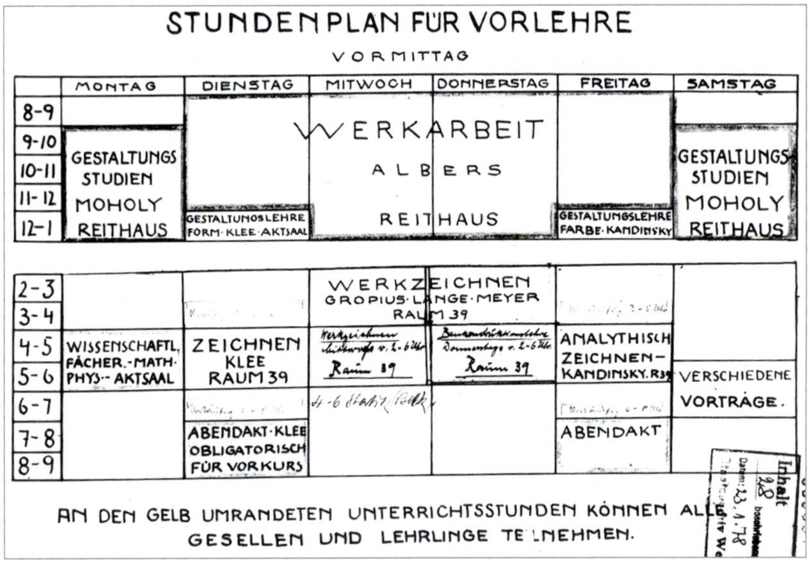

STUNDENPLAN FÜR VORLEHRE

VORMITTAG

	MONTAG	DIENSTAG	MITWOCH	DONNERSTAG	FREITAG	SAMSTAG
8-9						
9-10	GESTALTUNGS STUDIEN MOHOLY REITHAUS	WERKARBEIT ALBERS REITHAUS				GESTALTUNGS STUDIEN MOHOLY REITHAUS
10-11						
11-12						
12-1		GESTALTUNGSLEHRE FORM · KLEE · AKTSAAL			GESTALTUNGSLEHRE FARBE · KANDINSKY	
2-3			WERKZEICHNEN GROPIUS · LANGE · MEYER RAUM 39			
3-4						
4-5	WISSENSCHAFTL. FÄCHER.-MATH· PHYS.- AKTSAAL	ZEICHNEN KLEE RAUM 39			ANALYTHISCH ZEICHNEN – KANDINSKY. R39	
5-6						VERSCHIEDENE VORTRÄGE.
6-7						
7-8		ABENDAKT · KLEE OBLIGATORISCH FÜR VORKURS			ABENDAKT	
8-9						

AN DEN GELB UMRANDETEN UNTERRICHTSSTUNDEN KÖNNEN ALLE GESELLEN UND LEHRLINGE TEILNEHMEN.

Stundenplan am Bauhaus mit Kandinskys Unterrichtsfächern

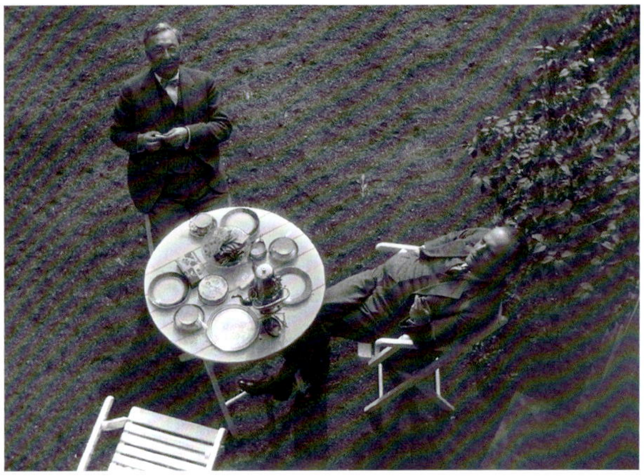

Kandinsky mit seinem Freund Paul Klee im Garten ihres »Meisterhauses« in Dessau

Das Bauhaus war eine ganz besondere Kunstschule. Künstler und Handwerker lernten und arbeiteten dort gemeinsam. Zusammen entwickelten sie schöne Gegenstände mit klaren, geometrischen Formen für den Alltag – Möbel, Teppiche, Geschirr und Stoffe.

Kannst du auf dem Stundenplan entdecken, welche Fächer Kandinsky an der Schule in Weimar unterrichtet hat?

Viele Lehrer am Bauhaus waren berühmte Künstler. Wie du auf dem Stundenplan sehen kannst, unterrichtete auch sein Malerfreund Paul Klee dort. Als das Bauhaus nach Dessau umgezogen war, wohnten sie sogar zusammen in einem »Meisterhaus«. Dazu musst du wissen: Am Bauhaus wurden die Lehrer »Meister« genannt.
Beide schätzten die Arbeit des anderen sehr und hatten manchmal auch ganz ähnliche Ideen für ihre Bilder.

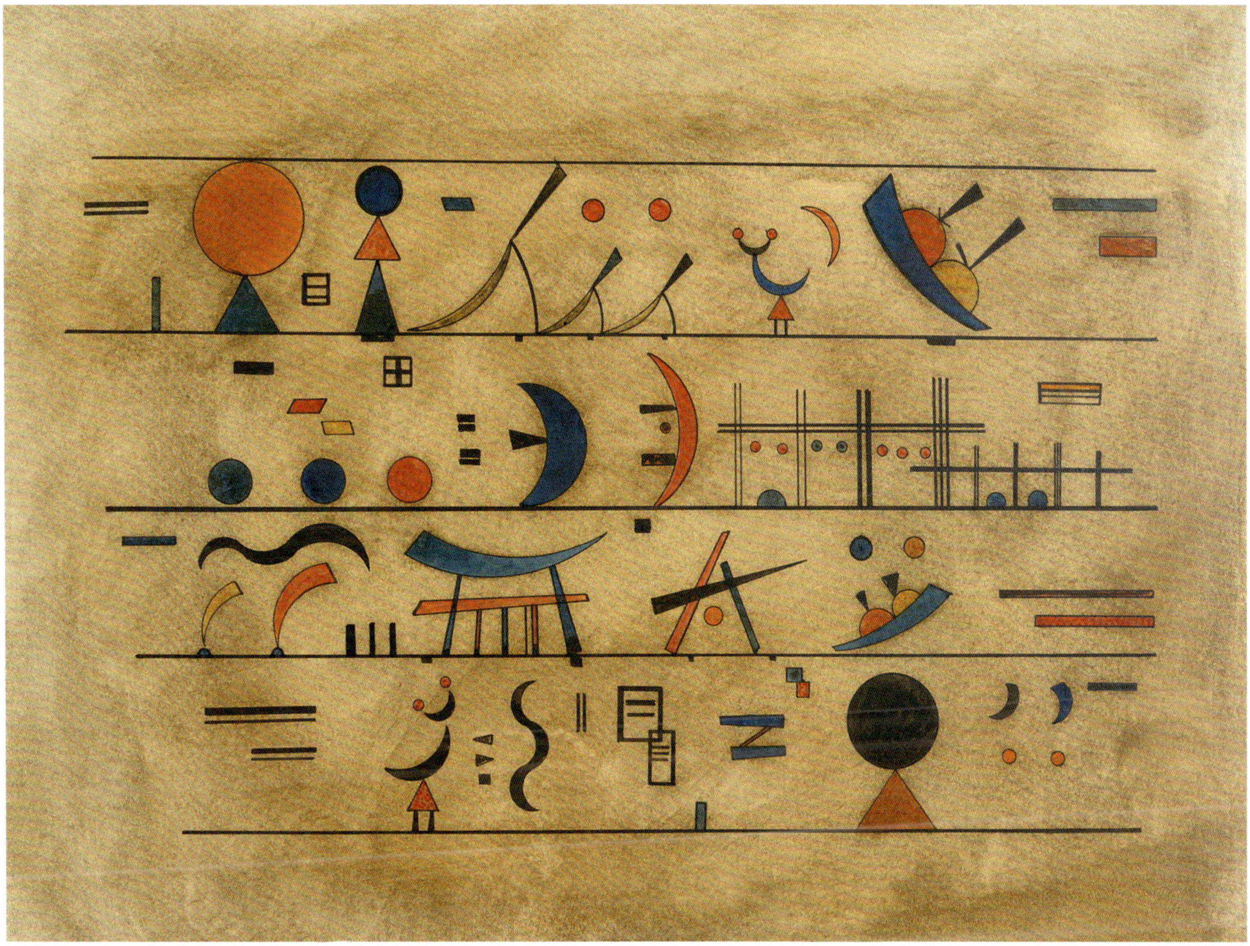

Zeichenreihen

Was sind denn das für geheime Zeichen zwischen den Linien? Sie sehen irgendwie ägyptisch aus. Sind das Hieroglyphen? Auf eine Schriftrolle aus Pergamentpapier geschrieben? In Felsen geritzt?

Dreiecke, Kreise, Schlangenlinien! Kandinsky hat in diesem Streifenbild geometrische Elemente zusammengefügt, die an Figuren oder Dinge erinnern. Schale mit Äpfeln, Segelboot, der Mond, Tisch aus Palmblättern, Baum, Bogen mit Pfeilen, lustiges Fantasietier.
Manche Zeichen kommen mehrfach vor. Kannst du dir wie Kandinsky auch eine Geheimsprache aus geometrischen Bildelementen ausdenken?

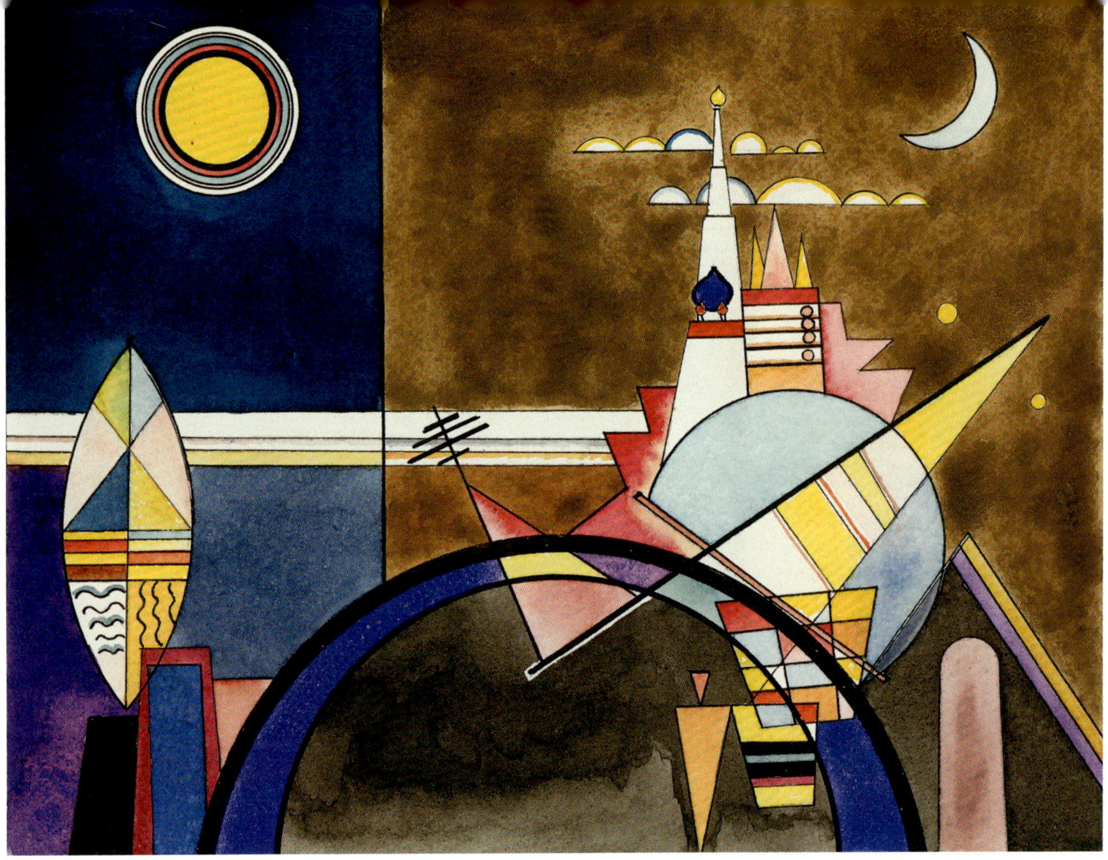

Das große Tor von Kiew

Ein Fest auf einem Schloss? Links die ovale Form mit den spitzen Enden: Ist dies das Schild eines Ritters? Vielleicht hat Kandinsky sich ein Märchen vorgestellt?

Als Kandinsky schon über sechzig Jahre alt war, ging für ihn ein großer Traum in Erfüllung. Er gestaltete für das Theater in Dessau das Bühnenbild zur Aufführung der berühmten Klaviermusik »Bilder einer Ausstellung« von dem russischen Komponisten Mussorgsky.

Die großen Bühnenbilder von damals sind nicht mehr erhalten, aber einige der schönen kleinen Entwürfe, die Kandinsky zur Vorbereitung gezeichnet hat.
In dem Entwurf für das letzte Bühnenbild, den du hier siehst, hat Kandinsky die nächtliche Stadt Kiew mit vielen geometrischen Formen dargestellt: Kreise für den Vollmond, spitze Dreiecke für die Türme, ein Halbkreis für das Tor, Linien für die Mauer – Formen, die, wie er später erzählt hat, ihm einfach beim Hören der Musik eingefallen waren.

Stell dir vor: Das Bühnenbild bestand aus getrennten Teilen, die während der Aufführung von oben herabschwebten und wieder hochgezogen wurden. Auch die Farben der Bühnen-Beleuchtung änderten sich ständig. Das muss ein herrliches Spektakel gewesen sein!

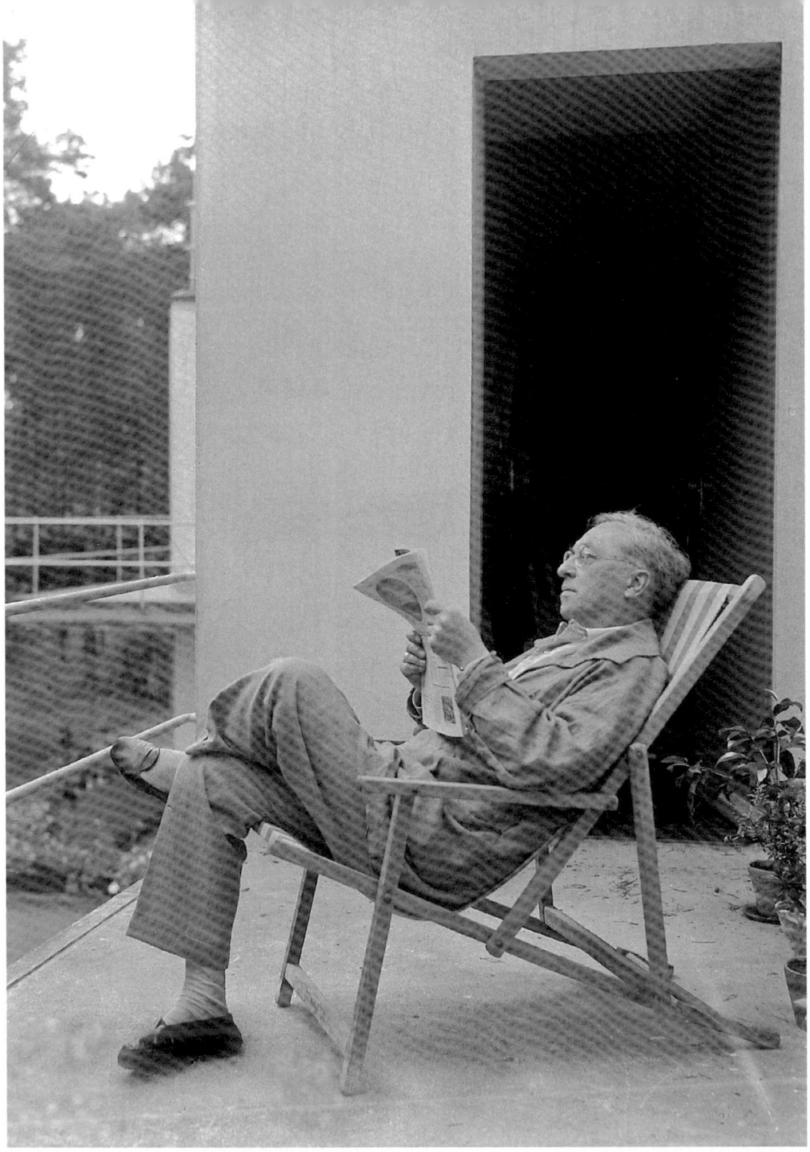

Kandinsky ruht sich auf seinem Balkon in Dessau aus.

Kandinsky war sehr musikalisch und spielte selbst Klavier und Cello. Wenn er Farben sah, kam es ihm vor, als hörte er Musik. Farben hatten für ihn aber nicht nur ihren eigenen Klang. Kandinsky ordnete ihnen auch bestimmte Eigenschaften zu. Er machte sich auch Gedanken darüber, welche Formen am besten zu den Farben passen könnten: Blau zum Kreis, Gelb zum Dreieck, Rot zum Viereck. In seinen Büchern schrieb er all diese Ideen über das Zusammenspiel von Farben und Formen auf.

Kandinsky konnte allein mit freien Formen und Farben ausdrücken, was er empfand. Sein außergewöhnliches Farbgefühl und seine starke Fantasie halfen ihm dabei, eine ganz neue Art von Malerei zu erfinden.

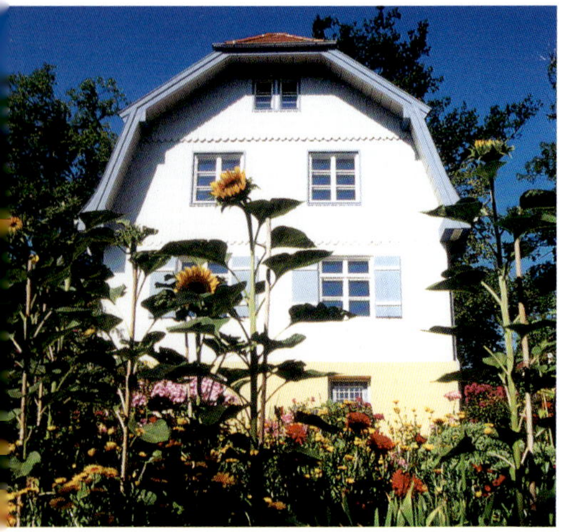

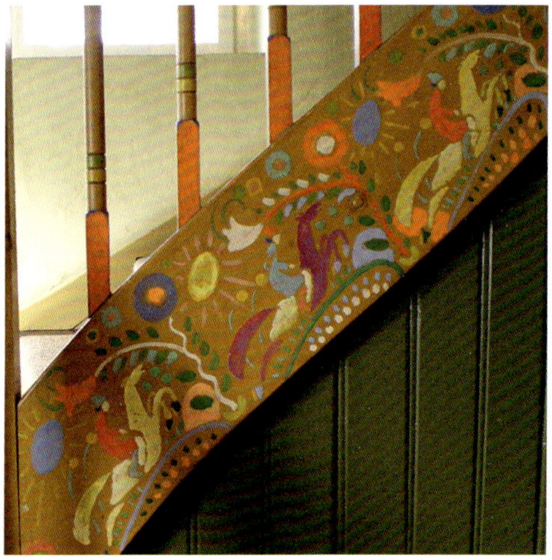

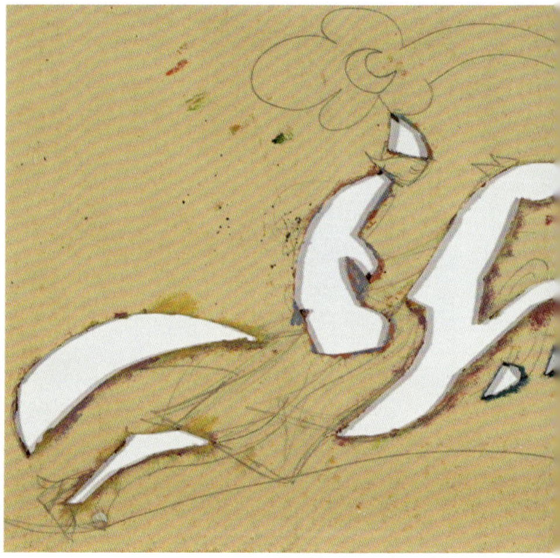

Das Gabriele Münter-Haus in Murnau, das du heute besichtigen kannst

Die von Kandinsky bemalte Treppe

Schablone mit Reiter

Im Atelier

Hier kannst du die schöne kleine Landvilla in Murnau sehen. Auch der Bauerngarten ist heute wieder so angelegt wie damals, als Kandinsky und Gabriele Münter dort gelebt und gearbeitet haben.

Vom Fenster aus haben beide oft den Blick auf den Hügel mit Zwiebelturm und Schloss gemalt. Die Wände ihrer Räume waren mit eigenen und gesammelten Kunstwerken gestaltet. Aber nicht nur die Wände! Kandinsky hatte beim Schreiner des Ortes einfache Möbel bestellt, die er und Gabriele Münter anschließend farbenfroh bemalten. Wie du auf dem Farbfoto oben siehst, hat Kandinsky selbst die Treppe verziert. Gelbe und lila Pferde springen im Galopp zwischen Blumen und Sonnen die Treppe hinauf!

Weil er denselben Reiter immer wieder verwenden wollte, hat Kandinsky sich aus Pappe eine Schablone angefertigt. Du kannst sie dir hier anschauen: Er hat mit Bleistift Pferd und Reiter vorgezeichnet, die Teile, die du hier weiß siehst, ausgeschnitten und mit Hilfe der Schablone mehrmals sein Reiter-Motiv mit Farben auf die Treppe übertragen. Den Rest hat er später frei dazu gemalt.

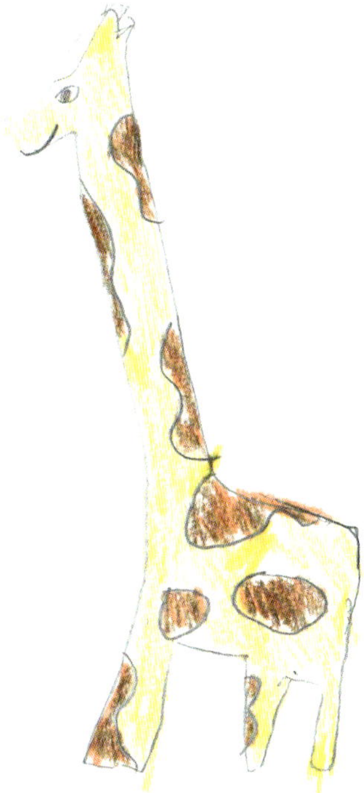

Kreativ-Workshop

Möchtest du dir auch einmal eine Schablone basteln? Zeichne mit Bleistift die Umrandungslinien eines Zebras, einer Giraffe, eines Pferdes oder deines Lieblingstieres auf eine dünne Pappe. Schneide dann dein Tier entlang der Umrisslinien aus.

Lege deine fertige Tier-Schablone jetzt auf ein neues großes Blatt. Zeichne an der ausgeschnittenen Form entlang: Schon hast du wieder ein Tier! Nun kannst du die Schablone an einer anderen Stelle verwenden. Zeichne so mehrere Tiere nacheinander auf das Blatt. Das kannst du beliebig oft wiederholen. Verteile sie schön auf dem Blatt oder setze sie in einer Reihe nebeneinander – ganz wie es dir gefällt. Male sie anschließend bunt an und verziere sie mit Mustern.

Nimm weiße Pappe oder ein Blatt Papier und zeichne mit Bleistift die Form eines Berges vor. Nun male den Berg mit Wasserfarben aus. Mische dir dafür mit Deckweiß viele Töne selber an. Setze dann die Farben mit einem Borstenpinsel in bunten Flecken nebeneinander. Trage die Farben aber mit wenig Wasser auf, da sich die Pappe sonst wellt! Füge nach deiner Fantasie noch einige Häuser mit feuerroten Dächern hinzu oder eine kleine Stadt mit Kuppeltürmen auf die Bergspitze. Vielleicht gelingt dir ja auch ein Reiter auf einem Pferd?

Museen

Vielleicht bist du jetzt neugierig geworden und möchtest mehr über Kandinsky herausfinden. Hier findest du Adressen von Museen, wo du dir ein Bild des berühmten russischen Malers im Original anschauen kannst. Befindet sich eins davon ganz in deiner Nähe?

Deutschland

- Bauhaus-Archiv Berlin www.bauhaus.de
- Neue Nationalgalerie Berlin www.neue-nationalgalerie.de
- Bauhaus Dessau www.bauhaus-dessau.de
- Museum am Ostwall Dortmund www.museumamostwall.dortmund.de
- K20 – Kunstsammlung Nordrhein-Westfalen Düsseldorf www.kunstsammlung.de
- Museum Folkwang Essen www.museum-folkwang.de
- Karl-Ernst-Osthaus-Museum Hagen www.keom.de
- Kunsthalle Hamburg www.hamburger-kunsthalle.de
- Sprengel Museum Hannover www.sprengel-museum.de
- Staatliche Kunsthalle Karlsruhe www.kunsthalle-karlsruhe.de
- Museum Ludwig Köln www.museenkoeln.de/museum-ludwig
- Wallraf-Richartz-Museum Köln www.museenkoeln.de/wallraf-richartz-museum
- Wilhelm-Hack-Museum Ludwigshafen www.wilhelm-hack-museum.de
- Kunsthalle Mannheim www.kunsthalle-mannheim.com
- Pinakothek der Moderne München www.pinakothek-der-moderne.de
- Städtische Galerie im Lenbachhaus München www.lenbachhaus.de
- Gabriele Münter-Haus Murnau www.lenbachhaus.de
- Staatsgalerie Stuttgart www.staatsgalerie.de
- Ulmer Museum Ulm www.museum.ulm.de
- Von der Heydt-Museum Wuppertal www.von-der-heydt-museum.de

Österreich

- Albertina Museum Wien www.albertina.at
- Museum moderner Kunst Stiftung Ludwig Wien www.mumok.at

Schweiz

- Kunstmuseum Basel www.kunstmuseumbasel.ch
- Kunstmuseum Bern www.kunstmuseumbern.ch
- Fondation Beyeler Riehen www.beyeler.com
- Kunstmuseum Winterthur www.kmw.ch
- Kunsthaus Zürich www.kunsthaus.ch

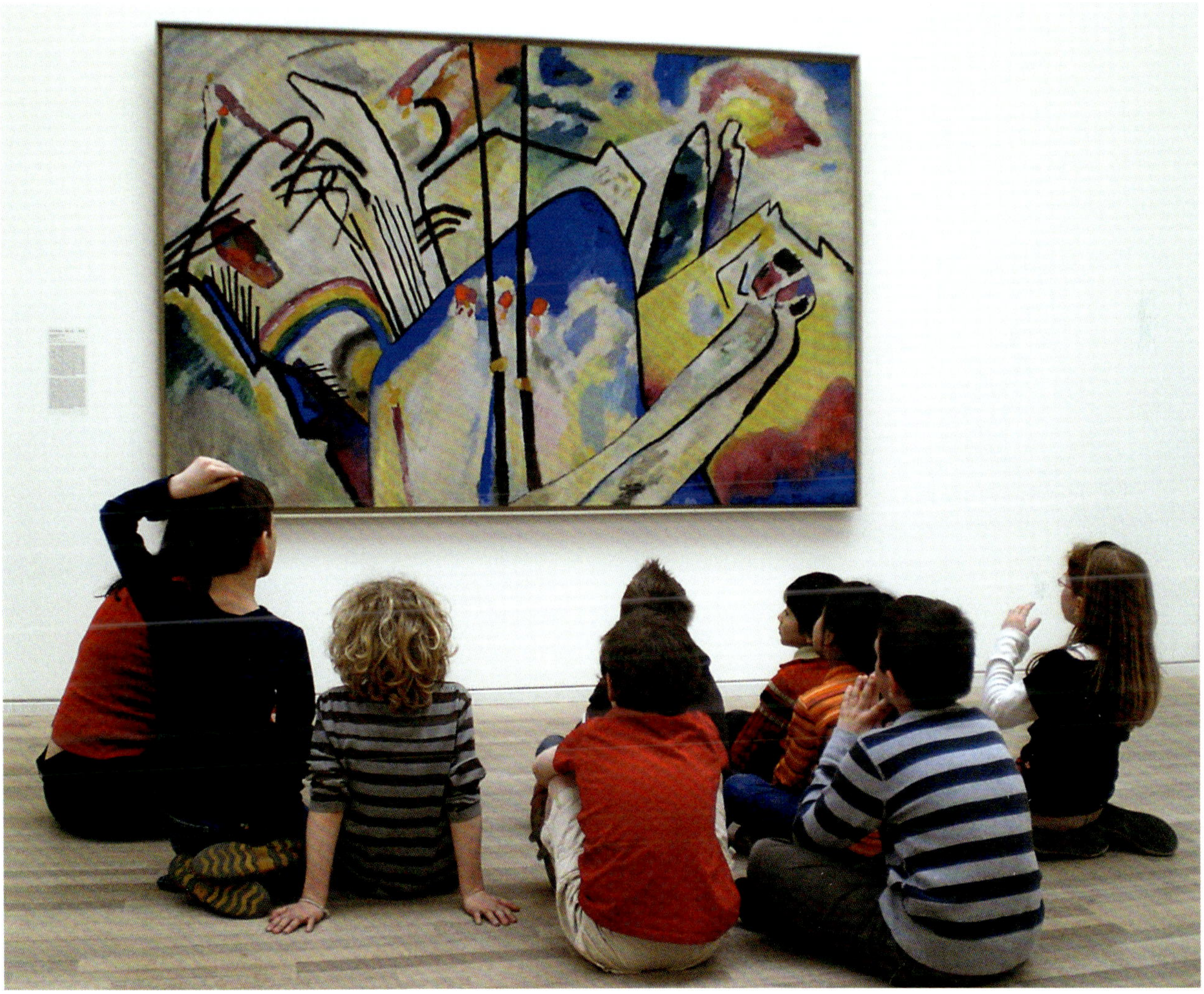

Die Kunstsammlung NRW in Düsseldorf

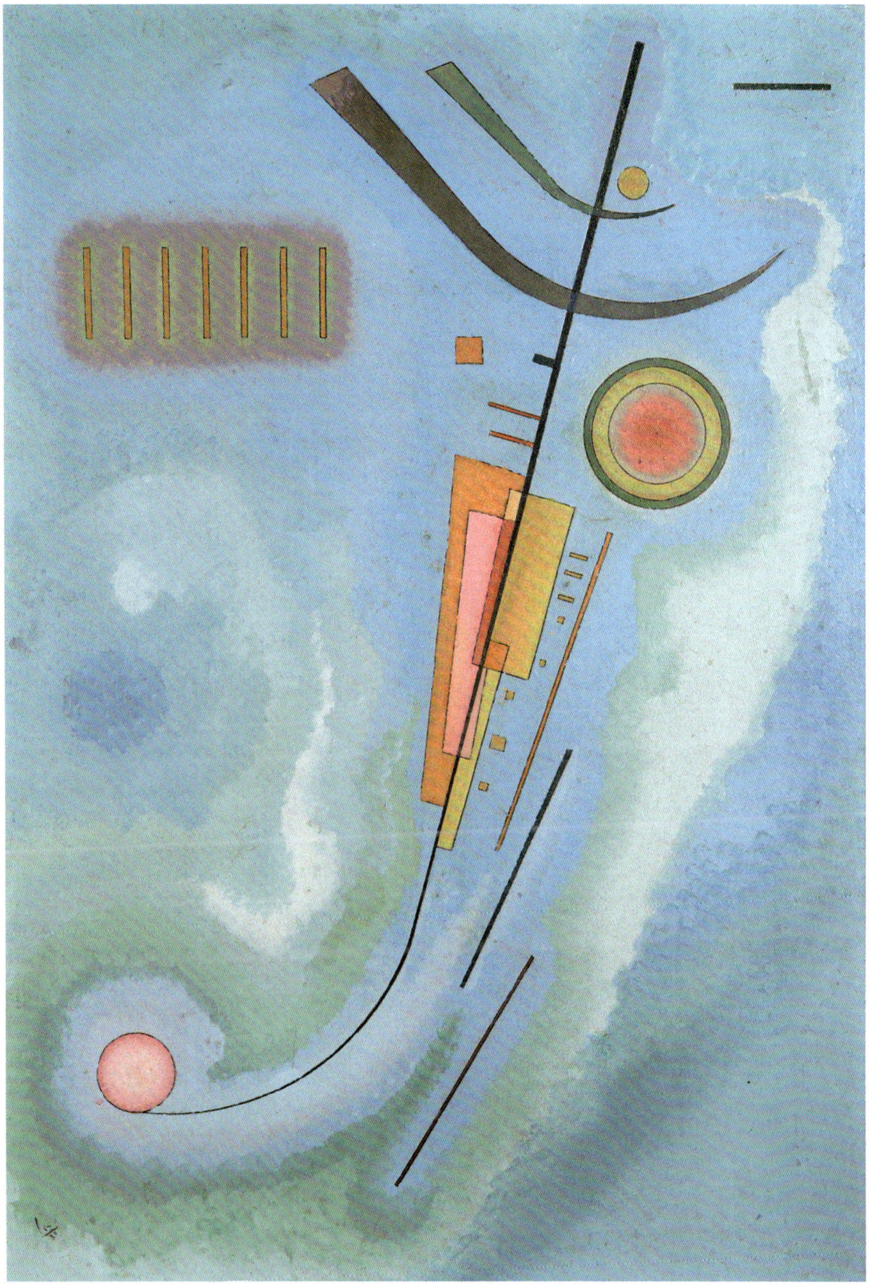

»Da die Zahl der Farben und Formen unendlich ist,
so sind auch die Kombinationen unendlich ...«

Bilder

- S.1: Egyptisch, ägyptische Schattenspielfigur aus dem Almanach »Der Blaue Reiter«, 1911 © VG Bild-Kunst, Bonn 2008
- S. 3: Landschaft bei Murnau mit Lokomotive, 1909, Öl auf Pappe, 50,4 x 65 cm, Solomon R. Guggenheim Museum, New York © VG Bild-Kunst, Bonn 2008
- S. 4: Kinderzeichnung (Annemarie Münter), 1913, Wasserfarbe über Bleistift, 21,2 x 16,7 cm, Gabriele Münter- und Johannes Eichner-Stiftung, München © VG Bild-Kunst, Bonn 2008
- S. 7: Impression VI (Sonntag), 1911, Öl und Kreide auf Leinwand, 107,8 x 95,2 cm, Städtische Galerie im Lenbachhaus, München © VG Bild-Kunst, Bonn 2008
- S. 9: Murnau mit Kirche II, 1910, Öl auf Leinwand, 96,5 x 105,5 cm, Sammlung Van Abbemuseum, Eindhoven © VG Bild-Kunst, Bonn 2008
- S. 11: Murnau – Landschaft mit Regenbogen, 1909, Öl auf Pappe, 32,9 x 42,8 cm, Städtische Galerie im Lenbachhaus, München © akg-images / VG Bild-Kunst, Bonn 2008
- S. 13: Impression III (Konzert), 1911, Öl auf Leinwand, 77,5 x 100 cm, Städtische Galerie im Lenbachhaus, München © akg-images / VG Bild-Kunst, Bonn 2008
- S. 15: Berg, 1909, Öl auf Leinwand, 109 x 109 cm, Städtische Galerie im Lenbachhaus, München © akg-images / VG Bild-Kunst, Bonn 2008
- S. 16: Improvisation 3, 1909, Öl auf Leinwand, 94 x 130 cm, Musée National d'Art Moderne, Paris © bpk / CNAC-MNAM / Foto: Adam Rzepka / VG Bild-Kunst, Bonn 2008
- S. 17: Entwurf für den Umschlag des Almanachs »Der Blaue Reiter«, 1911, Aquarell, Gouache und Tusche auf Papier, 29 x 21 cm, Musée National d'Art Moderne, Paris © bpk / CNAC-MNAM / Foto: Philippe Migeat / VG Bild-Kunst, Bonn 2008
- S. 18: Mit Sonne, 1911, Hinterglasbild, 30,6 x 40,3 cm, Städtische Galerie im Lenbachhaus, München © VG Bild-Kunst, Bonn 2008
- S. 19: Entwurf für »Kleine Freuden«, 1913, Aquarell und Tusche auf Papier, 23,8 x 31,5 cm, Musée National d'Art Moderne, Paris © bpk / CNAC-MNAM / Foto: Philippe Migeat / VG Bild-Kunst, Bonn 2008
- S. 21: Gabriele Münter: Kandinsky am Teetisch, 1910, Öl auf Leinwand, 98 x 103 cm, Israel Museum, Jerusalem © VG Bild-Kunst, Bonn 2008
- S. 23: Himmelblau, 1940, Öl auf Leinwand, 100 x 73 cm, Musée National d'Art Moderne, Paris © bpk / CNAC-MNAM / Foto: Philippe Migeat / VG Bild-Kunst, Bonn 2008
- S. 25: Improvisation 9, 1910, Öl auf Leinwand, 110 x 110 cm, Staatsgalerie Stuttgart © VG Bild-Kunst, Bonn 2008
- S. 27: Studie für Kompostion VII, 1913, Öl und Tempera auf Leinwand, 78,5 x 100,5 cm, Städtische Galerie im Lenbachhaus, München © VG Bild-Kunst, Bonn 2008
- S. 28: Weiße Zickzacks, 1922, Öl auf Leinwand, Galleria Internazionale d'Arte Moderna, Venedig © akg-images / VG Bild-Kunst, Bonn 2008

- S. 29: Weiße Zickzacks (Detail), 1922, Öl auf Leinwand,
  Galleria Internazionale d'Arte Moderna, Venedig © akg-images / VG Bild-Kunst, Bonn 2008
- S. 31: Komposition VIII, 1923, Öl auf Leinwand, 140 x 201 cm,
  Solomon R. Guggenheim Museum, New York © VG Bild-Kunst, Bonn 2008
- S. 33: Zeichenreihen, 1931, Tempera und Tusche auf Papier, 41,7 x 50,3 cm,
  Kunstmuseum Basel © Artothek / Foto: Hans Hinz / VG Bild-Kunst, Bonn 2008
- S. 34: Bild XVI: Das große Tor von Kiew, 1928, Tempera, Aquarell und Tusche auf Papier, 21,2 x 27,3 cm,
  Theaterwissenschaftliche Sammlung der Universität Köln © VG Bild-Kunst, Bonn 2008
- S. 36: Schablone mit Reiter, 1911, Bleistift, Pappe, ausgeschnitten, Farbreste von der Benutzung, 24,2 x 33 cm,
  © Städtische Galerie im Lenbachhaus, München / VG Bild-Kunst, Bonn 2008
- S. 37: Kinder-Giraffen-Schablone © Foto: Bernd Lieven
- S. 41: Leichtes, 1930, Öl auf Karton, 69 x 48 cm,
  Musée National d'Art Moderne, Paris © bpk / CNAC-MNAM / VG Bild-Kunst, Bonn 2008

Fotos

- S. 10: Kandinsky mit seiner Malklasse in Kochel, 1902
  © Gabriele Münter- und Johannes Eichner-Stiftung, München
- S. 10: Gabriele Münter beim Malen in Kochel, 1902
  © Gabriele Münter- und Johannes Eichner-Stiftung, München
- S. 19: Kandinsky vor seinem Bild »Kleine Freuden“ in München, um 1913
  © Gabriele Münter- und Johannes Eichner-Stiftung, München / Foto: Gabriele Münter
- S. 20: Wassily Kandinsky im Alter von acht Jahren in Odessa, 1874 © Bibliothèque Kandinsky
- S. 22: Wassily und Nina Kandinsky am Strand von Hendaye, 1929
  © Bibliothèque Kandinsky / Foto: Paul Klee / VG Bild-Kunst, Bonn 2008
- S. 32: Stundenplan für Vorlehre am Bauhaus in Weimar, 1924 © akg-images
- S. 32: Wassily Kandinsky und Paul Klee in Dessau, 1930 © Bibliothèque Kandinsky
- S. 35: Kandinsky im Liegestuhl auf seinem Balkon in Dessau, 1932 © Bibliothèque Kandinsky
- S. 36: Gabriele Münter-Haus in Murnau © Gabriele Münter- und Johannes Eichner-Stiftung,
  München / Foto: Ruth Rall
- S. 36: Treppengeländer im Gabriele Münter-Haus © Foto: Bernd Lieven / VG Bild-Kunst, Bonn 2008
- S. 39: Die Kunstsammlung NRW, Düsseldorf © Foto: Bernd Lieven / VG Bild-Kunst, Bonn 2008
- S. 44: Wassily Kandinsky, 1938 © Bibliothèque Kandinsky

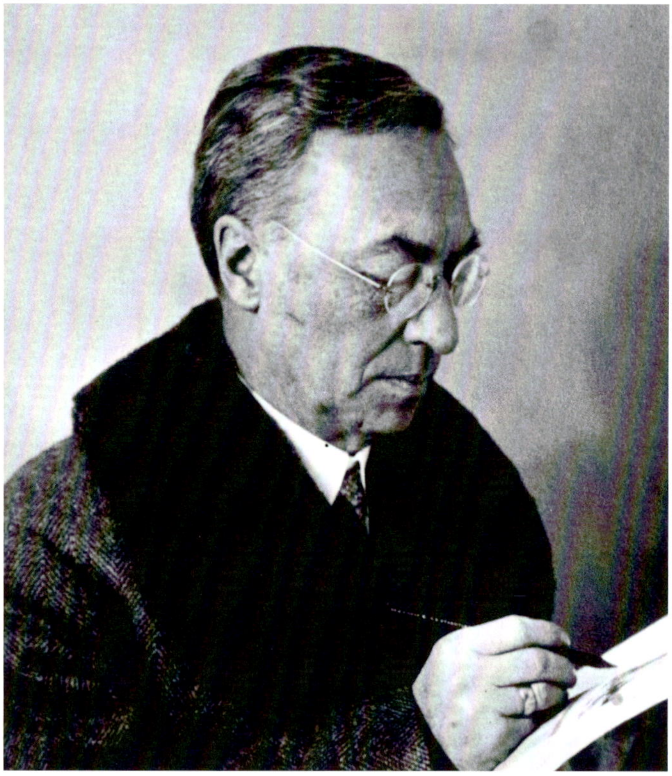

2. Auflage 2016

Konzept, Text und Bildauswahl: Britta Benke

Gestaltung: Anette Beckmann, Berlin

Einbandvorderseite: Leichtes, 1930, Öl auf Karton, 69 x 48 cm, Musée National d'Art Moderne, Paris

Einbandrückseite: Himmelblau (Detail), 1940, Öl auf Leinwand, 100 x 73 cm, Musée National d'Art Moderne, Paris

Druck: Grafisches Centrum Cuno GmbH & Co. KG, Calbe

ISBN 978-3-934029-32-3

www.kindermannverlag.de

Die Autorin und der Verlag danken für die freundliche Unterstützung der PwC-Stiftung

PwC STIFTUNG
JUGEND – BILDUNG – KULTUR

KANDINSKY.

KANDINSKY

KANDINSKY.

KANDINSKY